企业

刑事合规

风险精解与实务操作

李 彬 董 坤 陈耀军◎著

中国言实出版社

图书在版编目(CIP)数据

企业刑事合规：风险精解与实务操作 / 李彬，董坤，陈耀军著 . ‑‑ 北京 : 中国言实出版社 , 2022.7

ISBN 978‑7‑5171‑4243‑0

Ⅰ . ①企⋯ Ⅱ . ①李⋯ ②董⋯ ③陈⋯ Ⅲ . ①企业法—研究—中国②刑法—研究—中国 Ⅳ . ① D922.291.914 ② D924.04

中国版本图书馆 CIP 数据核字（2022）第 117311 号

企业刑事合规：风险精解与实务操作

责任编辑：张天杨
　　　　　史会美
责任校对：王建玲

出版发行：中国言实出版社

　　地　址：北京市朝阳区北苑路180号加利大厦5号楼105室
　　邮　编：100101
　　编辑部：北京市海淀区花园路6号院B座6层
　　邮　编：100088
　　电　话：010‑64924853（总编室）010‑64924716（发行部）
　　网　址：www.zgyscbs.cn　电子邮箱：zgyscbs@263.net

经　　销：新华书店
印　　刷：徐州绪权印刷有限公司
版　　次：2023年1月第1版　2023年1月第1次印刷
规　　格：710毫米×1000毫米　1/16　17.75印张
字　　数：185千字

定　　价：68.00元
书　　号：ISBN 978‑7‑5171‑4243‑0

本 书 编 委 会

主编：李 彬　董 坤　陈耀军

编委：许晓燕　温如敏　郎小凤　李 丹

　　　王 子　刘 洋　李 屾　黄 嫱

　　　孙湛为　张建银　李 晨　朱子安

　　　赵睿君　刘昭陵

改革开放以来，中国企业的发展变化日新月异，也正以飞快的速度迈向法治。与此同时，企业尤其是正处于蓬勃发展阶段的中小企业，在经济领域培育法治文化，加强企业合规管理，推动企业经营、依法治企、依法维权，夯实中小企业高质量发展的法治基础，引导企业在法治轨道上有序发展，稳步壮大，是当前也是未来一段时期经济和法律领域共同的目标和面临的重要课题。

事实上，近年来我国很多企业已经开始注重自身法律部门的组建，法律风险的防范，可以说法治观念已然在企业和企业家范围内逐渐确立起来。然而随着我国法治建设的不断推进，国家建立了更为严密的法律体系，各项法律法规更趋严谨，尤其是近两年，国家持续加大对涉税、洗钱、食品药品危害等违法犯罪的打击力度，而且大力推行公权力介入企业合规的改革举措。这些都意味着对于企业而言，"依法治企"不再是简单的组建法律部门，而更趋于系统化；企业所面临的法律风险也不再限于民商事纠纷，而更加多元化。在各种风险之中，刑事风险无疑是对企业最具威胁和有杀伤力的法律风险。因此，要有效防范和应对刑事风险，真正实现依法治企，就需要企业和企业家摒弃传统观念，全面、系统地了解企业刑事风险所在，找到切实可行的风险管理和防范方法，以有效防控刑事风险。

作为"企业之家"，中国中小商业企业协会始终致力于企业的法律保护，我们建立了中小企业法治体检服务站和法治人才库，吸纳具有专业背景的律师事务所和法律专家为企业提供法律服务。本书正是中小企业法治体检服务站的律所及所属律师团队，根据多年的企业刑事合规与诉讼经验所编著。

本书分为四个部分，以对企业和企业家保护为着眼点，用十三个章节精解企业刑事风险和刑事合规实务操作。第一部分向读者揭示了现行法律框架下，企业所面临的六类刑事风险，深入浅出地讲解了企业高发的三十余项罪名，通过生动鲜活的案例引申，拆解出其中的风险点，并有针对性地提出防范建议。第二部分则针对企业刑事合规以及合规中律师的角色进行了系统讲述。进而在第三部分和第四部分从实务的角度为读者展示我国当前企业刑事合规及其操作流程，系统地构建了企业"刑事风控—刑事合规—行政合规"的全面刑事保障体系，同时放眼国际和未来，透析中国企业如何安全寻求域外发展，展望中国企业刑事合规将面临的壁垒与突破。本书可谓是为企业量身打造的一本通俗易懂、实操性较强的企业刑事合规读物。

2021—2025年，"八五"普法已然拉开帷幕，伴随着普法的深入推进，希望更多的企业家能结合自身和企业所遇到的实际问题，参阅本书内容，深入学习法律，做到知法、懂法、守法，并积极参与到依法治企的事业中来，不断增强企业刑事风险防范意识，提升自身风险防范能力，完善企业风险防控体系，携手共同营造安全的营商环境，促进中小企业行业稳步健康发展。

中国中小商业企业协会会长　王民

2022年4月12日

序二

　　随着经济社会的发展，企业的经营和交往方式日益复杂，法律风险呈现出多样性和专业性特征。在诸多法律风险之中，刑事风险对于企业和企业家而言无疑是最严重的。一旦受到刑事追究，不仅企业会遭受重大经济损失和信誉损失，企业家还可能面临牢狱之灾。

　　如何有效防控企业的刑事风险，日渐成为企业家必须关注的重要问题。近年来，虽然我国企业主动开展合规审查的意识和积极性不断增强，但仍有很多企业尚未认识到合规的重要意义，以致在企业合规管理体系建设上存在形式化、纸面化的倾向，合规的主动性和积极性不高、完备性和有效性不强等现象时有发生。

　　有效市场和有为政府的结合是中国特色社会主义

市场经济的重要内容。合规建设既是企业内部法律风险防控的重要方式，也是理顺企业与国家的关系，实现国家治理体系和治理能力现代化的重要途径。企业合规建设离不开国家在政策层面的引导、在法治层面的保障以及在制度机制层面的支持。自2020年3月以来，在最高人民检察院的主导下，涉案企业合规改革试点稳步推行。实践证明，由检察机关推动的这场企业合规改革探索，给企业带来的不仅仅是企业经营管理漏洞的填补和刑事风险的有效防控，更重要的是推动了企业管理理念的更新、治理结构的完善和可持续发展能力的增强，为企业健康发展乃至走向世界奠定了基础。2022年4月2日，最高人民检察院会同全国工商联召开专门会议，正式宣布涉案企业合规改革试点将在全国检察机关全面推开。最高人民检察院还表示，将深入开展企业合规立法建议的研究论证工作，适时提出完善相关立法建议。在可预见的未来，企业合规将在法律中予以清晰明确的规定。

涉案企业合规改革是以司法改革带动经济改革的重大历史事件，标志着中国企业已经进入合规管理新时代。在这样的时代背景下，李彬主任及其团队代理了一系列涉企刑事案件，帮助很多企业构建合规管理体系，积累了丰富的实践经验。在此基础上，他们提炼命题、创新理论，撰写了《企业刑事合规——风险精解与实务操作》。在这本书中，他们详细地解析企业可能面临的六大类刑事风险，并且结合最高人民检察院的企业合规改革实践，对企业刑事风险防范、企业合规实操进行了细致的说明。

对于企业家来说，这本书具有很大的启发意义，时常翻阅，也许可以发现潜在的重大法律风险。对于企业合规师和从事合规业务的律师来说，这本书集经验和知识于一体，也许可以为其业务工作提供指导或者镜鉴。

合规的潮流浩浩荡荡，顺之者旺，逆之者殃！

最高人民检察院检察理论研究所所长　谢鹏程

2022年4月18日

企业合规是最高检推动的重大司法改革与社会保障活动，经两年多试点实践，已形成了一系列规范性文件与指导性案例。当前正是将合规经验与研究成果通过立法全面推开的重要时刻。作为企业合规事业的见证者和参与者，我们结合政策法规、实务经验与理论成果，构建一套完整的企业治理模式，为企业提供防治体系的设计思路与解决方案，以供企业参考借鉴，也希望能够为中国的合规事业发展贡献微薄之力。

一、企业合规发展的演变趋势

1.合规的概念具有中华传统文化内核

合规，从字面意思上理解是合乎规范，合乎情理。中国历史上有"发乎于情，止乎于礼"的文化传统，因此，合规并不是一个外来概念，而是中外对于遵守规范、合乎规矩的共同要求。因此，对于合规文化的传播，以及合规制度的应用，应当重在挖掘中国文化内涵中的合规理念。孔子曰："三十而立，四十不惑，五十知天命，六十耳顺，七十从心所欲，不逾矩。"说明一个人随着年龄的增长、阅历的深厚，最终的理想状态就是随心所欲而不逾矩。可见外在规范与内心约束相统一，是对人、对团体、对社会的最高层次的要求。

2.刑事合规是司法机关主导下解决企业犯罪问题的重要途径

近年来，最高人民检察院推动的刑事合规改革，就是要解决企业违法犯罪问题，是在当前的社会背景下，对企业以及企业家的重大关怀和切实保障。这由我国社会、经济、法治发展的阶段决定，更与国内外政治、军事、防疫环境相关，是推行合规制度的社会背景与重要意义。因此，以刑事法规为纲，以司法程序为目，纲举目张，方能真正推动合规制度的确立和发展。实践中，只有在司法机关引导下，涉案单位和个人认罪且整改，达到修补受损法益、恢复社会秩序、终止司法程序的目的，才能实现合规制度下惩治犯罪、保护企业的根本目标。

3.企业的全面合规是合规制度发展的目标与未来

企业刑事合规发展的趋势，是要走向全面性、系统性、综合性的合规模式，其范围也将从刑事诉讼扩展到整个行政司法体系，从点到面，最终实现社会治理的整体效果。由此，企业合规呈现为一种综合治理的态势，并要求覆盖到企业设立、运营、发展、退出等全部流程，进行全方位的管控治理。这种全面合规的趋势已经在司法成果报告和规范制定过程中得以体现。国家已经开始着手推进，以企业为主体，司法行政机关联合行动，通过整改与监督，化解和排除企业经营过程中所触犯的刑事、行政法律风险，实现为企业保驾护航，维护市场稳定和经济发展的大局。

因此，随着合规进程的深入，企业需要建设一套完整的、恰当的、敏锐的、系统的治理与防范体系，而实现企业的风险可控、合规有序、管理科学、不断发展的最终目标。

二、企业防治体系的设计思路

1.从风控到合规的全面展开

企业规范性发展经历了从风控到合规的过程。入世后，企业最初进行的风控工作，主要目的是查漏补缺、发现漏洞、防范风险，基本都是企业自主采取，而进行自查、自纠和自救的过程。当时围绕的重点是企业家、企业管理者的风险防控，重在保障人的安全。近年来出现的企业合规，主要体现出个体与单位责任的分离，是在个人之上重视法人责任的表现，明显提升了市场主体的地位，同时也反映了国家司法机关与行政机关公权力介入企业管理的意识，是国家重塑企业治理制度和风险防范体系的要求，是社会治理体系建设与治理能力提升的重要表现。因此，从风控到合规，体现出了从人到企、从自纠到外查、从权利救济到权力干预的转化与升华的过程。

2.企业安全是真正的核心价值

企业防治体系建设的核心就是保护企业安全。近年以及未来一段时间内将面临内部矛盾与外部压力、疫情防治与经济恢复、法治建设与社会变革等问题交织不断，发展与安全成为社会各个方面都需要关注的两大主题，犹如"鸟之双翼、车之两轮"。而传统的安全概念也从国防安全、经济安全逐步拓展到重视企业安全、个人自身安全等社会生活领域，已经触及到包括人的生命、健康、自由，以及家庭财产收入和生活保障，更进一步涉及企业的生存环境与市场空间。在这种意识影响下，人们的观念不排除从"效率优先，兼顾公平"，转换为"发展至上，安全优先"，安全已经成为时代的主题。

3."道法术"三位一体的设计理念

从企业安全的基本理念出发，需要考虑采用何种方式来建设企业的合规防治体系。道、法、术相结合是中国的传统哲学与实践科学的经验总结，可以参考借鉴，由此而得出安全为道、合规为法、风控为术的设计思路。首先，道是目标、核心、基本原则，企业所追求的是安全、持续、稳定的发展，这是建设合规防治体系的出发点和落脚点。其次，法是策略、路径、前进方向，要为企业建立一整套完整有效的合规体系，指导企业各方面工作，这是建设合规防治体系的基本方略。最后，术是技巧、办法、解决方案，企业遇到的各种问题和困难，都需要有具体的操作办法预防和化解，尤其体现在对各类风险的筛选、评估、化解与预防之中。道、法、术三者相结合使得企业合规防治体系成为一套行之有效、治防并举的生存之道。

4.察势与备器的辅助配套设计

主体的设计思路确定之后，还需要根据现实环境与客观条件考虑建立相应的配套机制，这方面中国传统文化中还有察势与备器的策略相契合。所谓察势，自然是注意内外环境形势的变化，能够顺势而为、借势而上，既是思想意识上的重视，更是随时对于风向变化做出预判和安排。而所谓备器，顾名思义，谋事之初就要做好人财物的保障，设置安排好岗位和人员，在行动过程中做好资金的储备与分配，以及生产应急资料的合理利用。从而，企业在防治体系的设计、建设、实施、反馈、调整过程中均有的放矢、行之有效。

综上，企业防治体系的建设是遵循着全面有效的原则，秉持安全为先的目标，在道、法、术、势、器的协同配合下，制定执行的一整套企业发展路线，为企业提供长治久安的发展保障。

三、企业防治体系的建设方案

（一）合规防治体系的主要内容

建设企业合规防治体系，从基本架构上应当具备以下六个方面：

第一，企业防治的主要目标。需要明确企业防治体系要达到怎样的目的、实现怎样的价值、有何重大影响和意义，这是我们做事的前提和基础。

第二，企业防治的岗位职责。人是社会发展的根本，有人落实才能实现目标，因此要设置好参与防治体系的人员、等级、职能、责任等，权责明确并落实到位。

第三，企业防治的制度规范。为实现防范风险、合规发展的目标，需要针对企业的各方面情况制定汇总一整套制度规范，使防治工作有法可依、有章可循。

第四，企业防治的工作办法。规章制度是原则性的指导规范，需要细化的操作指引来具体实施，而且工作办法更为细致明确，还可以根据实际情况灵活调整。

第五，企业防治的操作流程。合规工作的推进还需要有序推进，在处理复杂问题的过程中要遵循科学流程，要循序渐进、治防兼顾，尤其要逐步实现数字化、信息化与智能化建设。

第六，企业防治的考核验收。合规是否有效还需要适时验证，体系建设的完善与全面、工作落实的确实与稳妥、流程推进的及时与有效，都需要进行审查监督，从而及时发现问题、改进效果。

（二）合规防治体系的实现路径

合规防治体系是一种动态的操作机制，不能仅仅成为纸面合规、形式合规的摆设品，因此还需要一系列的具体工作流程将其变为现实得以应用。

1.法律规范的梳理

企业防治体系建设始于法律法规汇编整理。企业的生存与发展都不是在真空之中，而要遵循各类政策与法规的引导与规范，因此，需要对相关政策法律进行体系化梳理，并且以此为基础进行专业化的解读。只有在充分掌握和理解政策法规的基础上，方能结合企业特点做出企业发展所需法治环境的正确界分，也才能实现对各项政策法规进行科学准确的风险预估和后果预判，进而为防治体系的推行奠定坚实基础。

2.重点问题的关注

企业发展过程中会存在各种问题，而对于重点问题的关注则是建设企业防治体系的目标所在。具有问题意识，不仅是学术研讨的生命所在，同样也是实践操作的追本溯源。因此，构建防治体系的重要方面就是先对企业问题进行充分的整理、分析与研判，从而使防治体系在设立之初就具有针对性和实用性。

3.预警措施的设置

企业防治体系的基本功能就是对风险的预警与预判。风险是可能到来的危险，而危险对企业造成的危害不可估量。因此，防治体系必须设立预警机制，对于可能导致危险的风险事件要能够及时发现、快速反馈，并直接触发相应的危机处置机制。

4.危机处置的预案

企业发展虽然存在各种可能性，但并非不能预测，由此企业将面临的风险也是有可能预见和防范的。因此针对企业可能出现的风险，要提前设计好解决风险、处置危机的方案，无论是危机公关还是应急处置，都应当建立完整的方案。"凡事预则立，不预则废"，危机处置的方案制定是整个企业防治体系的核心工作。

5.风险化解的机制

在合规防治体系的整体设计下，需要设计风险化解机制。这种机制的实际应用要具有可操作性，推进过程要具有可监测性，实现阶段要具有可调节性，实施效果要具有可预见性。防治体系应当对确实发生的风险，能够有效化解或者控制其危害程度，避免危及到企业核心利益。因此，风险化解需要多方面工作的配合，形成一套解决思路和方案，真正体现防治体系的必要性与科学性。

6.合规建设的保障

合规防治体系建设是一个系统性工程，需要人财物的配备设置。企业资源的合理配置，体现管理者的管理理念与重视程度。简言之，防治体系能否真正发挥作用，取决于人力物力的支持投入、各个方面的协调联动以及各种资源的整合配备。

7.安全标准的验证

防治体系建设与实施需要有一个考核验证标准。回归企业防治体系建设的最初动因，企业的安全发展是最终的检验标准。虽然企业安全是一个抽象的概念，但在什么状态下，企业达到了化解危机、防范风险的效果，在实践中是可以设定一系列安全标准与风险指标的，并且这一安全标准应当随时更新调整，以适应形势的变化与时代的发展。

综上所述，在全面推进企业合规建设的时代背景下，需要构建一套完整系统的企业合规防治体系，这是时代的趋势与社会的要求。企业作为市场经济的活力主体与社会发展的重要力量，应当顺应这种趋势并充分利用好这一契机，自发主动地开展合规建设。因此，以企业安全发展为核心价值，构建风控、合规、安全三位一体的企业防治体系，建设具有实质内容和具体操作的企业治理与风险防范综合机制，将是中国企业合规的重要路径与发展方向。

第四部分　企业刑事合规的发展方向

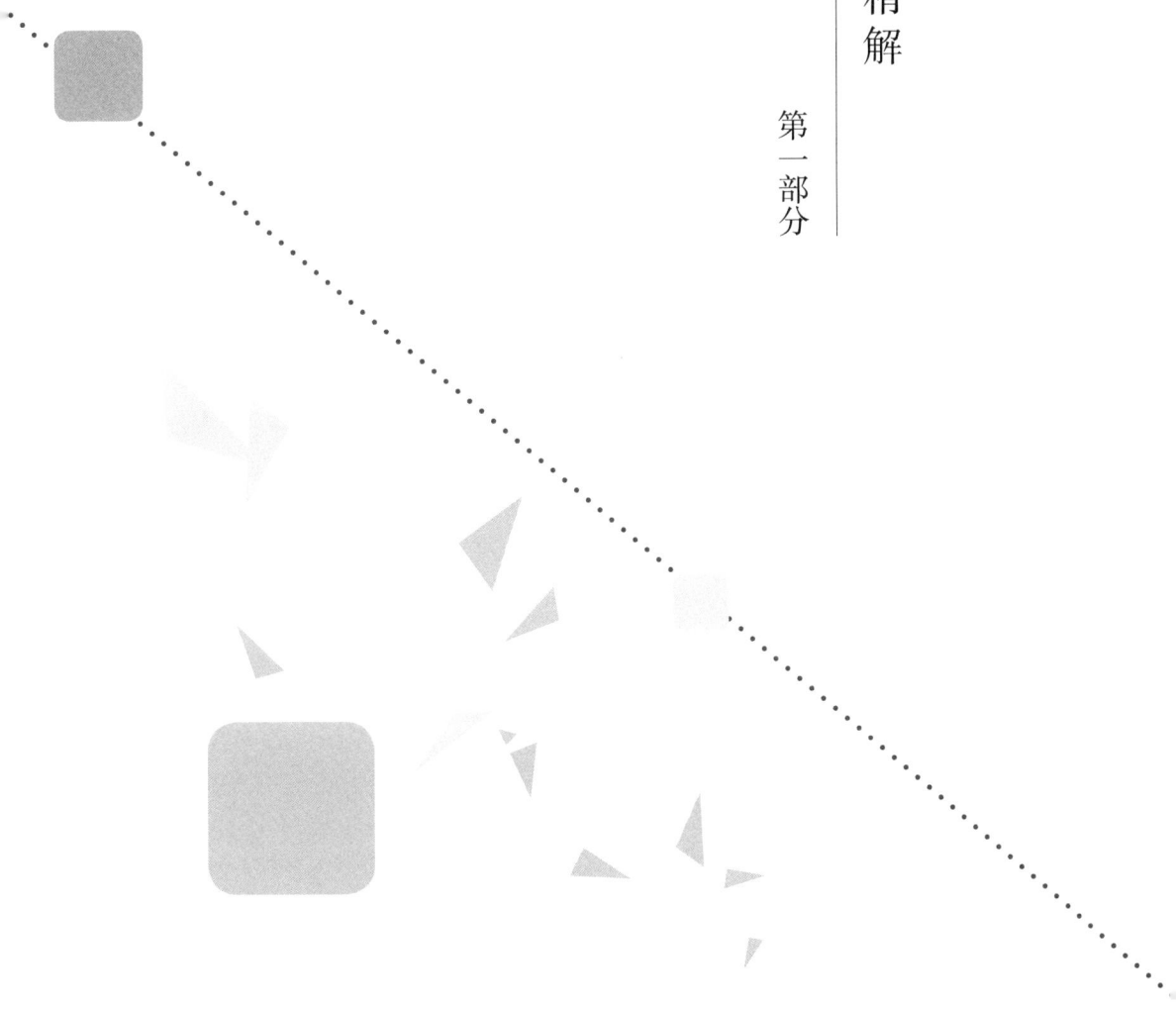

企业常见刑事风险精解

第一部分

第一章　涉腐犯罪

第一节　法律背景分析

一、国家治理理念的重大变化

党的十八大以来，全面依法治国、全面从严治党是"四个全面"战略布局中的两个重要内容。2014年10月，中国共产党第十八届中央委员会第四次全体会议通过了《中共中央关于全面推进依法治国若干重大问题的决定》，对全面推进依法治国作出全面的战略部署。与此同时，国家也针对全面推进从严治党提出要求并进行部署。

推进全面依法治国、全面从严治党，是要从根本上解决"法治"与"人治"的关系问题，特别是因权力过度集中、缺乏制度制约而产生的腐败问题。

二、政治体制的重大改革

国家监察体制改革是近年来我国政治体制的重大改革。2016年11

月4日，中共中央办公厅印发《关于在北京市、山西省、浙江省开展国家监察体制改革试点方案》，部署在三个省（市）设立省、市、县三级监察委员会。12月25日，十二届全国人大常委会第二十五次会议通过《关于在北京市、山西省、浙江省开展国家监察体制改革试点工作的决定》。2017年4月，试点地区全面完成省、市、县三级监察委员会组建和转隶工作。

2017年10月，党的十九大作出重大决策部署，将改革试点工作在全国推开。2018年2月，全国31个省区市三级监察委员会组建工作全部完成。同年3月，十三届全国人大一次会议表决通过《中华人民共和国监察法》，明确了国家监察工作的一系列重大问题，规定了监察机关的职能定位、监察范围、监察职责、监察权限、监察程序、对监察机关和监察人员的监督等重要内容。国家监察委员会正式挂牌。

国家监察委员会的成立，使原有国家机关的序位发生重大变化，国务院是最高行政机关，国家监察委员会是最高监察机关，最高人民法院是最高审判机关，最高人民检察院是最高检察机关。"一府一委两院"都由全国人民代表大会产生，对全国人大负责，受其监督。

三、相应法律法规的制定和修订

伴随着国家治理理念和政治体制的革新，法律法规也在不断推陈出新：

《中华人民共和国监察法》于2018年3月20日，十三届全国人大一次会议表决通过，自公布之日起施行。

《公职人员政务处分法》于2020年6月20日，十三届全国人大常委会第十九次会议表决通过，并于2020年7月1日起施行。

《中华人民共和国监察法实施条例》于2021年9月20日经党中央批准，国家监察委员会发布公告，自公布之日起施行。这是国家监察委员会根据《全国人民代表大会常务委员会关于国家监察委员会制定监察法规的决定》制定的第一部监察法规。

如前所述，无论从理念、体制还是规范，都足以彰显国家对于治理腐败问题的决心，那么这看似是对国家公职人员的管束，与企业又有何关系呢？事实上，无论国有企业还是民营企业，均与国家机关及工作人员存在工作上的往来和关联，也必然处于国家高压反腐、系统反腐、法治反腐的大势之下。而从近年来的司法实践可以看出，国有企业管理人员涉嫌贪污受贿类犯罪，民营企业及其实际控制人涉嫌行贿类犯罪，都是涉腐犯罪的重灾区。加之2021年9月中央纪委国家监委就已会同有关部门颁布了《关于进一步推进受贿行贿一起查的意见》，旨在对腐败问题进行源头治理，标本兼治。所以，未来无论是国家机关还是企业，涉腐犯罪的查处力度都将不断加大。如何积极有效地应对涉腐犯罪所引发的刑事风险，已然也必将成为企业高管及实控人关注的重点。

第二节　涉腐犯罪的罪名与处置

狭义的涉腐犯罪，通常是指贿赂犯罪，最典型的是受贿罪与行贿罪。但是从反腐的角度来看，国家重点治理的是公职人员的职务犯罪行为，而关于公权力的滥用的典型罪名中，除了贿赂犯罪以外，还应该包括贪污类犯罪。所谓"贪腐不分家"，贪污罪和受贿罪虽然在犯罪构成上有明显的区别，公职人员的同一类不法行为，因为个案因素的差异，会导致其行为定性的不同。但在实践中，对于公职人员的职务犯罪行为的定性，存在大量受贿罪和贪污罪交叉的情形。

例如，国有公司中从事公务的人员在商业活动中，通过回扣、返利、好处费等形式收取交易对方给予的款物，涉嫌受贿犯罪。但如果该人员，在商业活动中，与交易对方合谋，以虚增价款、虚构交易等方式，将国有资金支付给对方，进而再通过交易将该部分资金非法占有，则构成贪污罪。

因此，本部分典型罪名和案例中，除了贿赂犯罪的相关罪名外，也将国有公司人员履职过程中可能触犯的贪污罪、挪用公款罪一并进行分析解读。

一、受贿罪

（一）罪名解析

受贿罪，是指国家工作人员利用职务上的便利，索取他人财物的，或者非法收受他人财物，为他人谋取利益的行为。国家工作人员在经济往来中，违反国家规定，收受各种名义的回扣、手续费，归个人所有的，以受贿论处。国家工作人员利用本人职权或者地位形成的便利条件，通过其他国家工作人员职务上的行为，为请托人谋取不正当利益，索取请托人财物或者收受请托人财物的，以受贿论处。

受贿罪的处罚分三档：第一档，受贿数额较大或者有其他较重情节的，处三年以下有期徒刑或者拘役，并处罚金。第二档，受贿数额巨大或者有其他严重情节的，处三年以上十年以下有期徒刑，并处罚金或者没收财产。第三档，受贿数额特别巨大或者有其他特别严重情节的，处十年以上有期徒刑或者无期徒刑，并处罚金或者没收财产；数额特别巨大，并使国家和人民利益遭受特别重大损失的，处无期徒刑或者死刑，并处没收财产。

法定从重情节：索贿的从重处罚。

（二）典型案例——国企高管"借钱"买车，竟然是受贿犯罪①

被告人林某某在担任某国有公司总经理期间，受孙某某请托，与孙某某经营的某公司开展融资返利业务。后孙某某为了向林某某表示感谢以及维持双方的业务往来，先后多次给予林某某财物。其中，2013年间，林某某向孙某某表达了其想要换车但手头没钱的意思，孙某某主动提出可以"借钱"给林某某，后孙某某出资36万余元，为林某某购买大众途观汽车一辆，该车落户于林某某之兄林某名下。林某某曾向孙某某口头提出过还钱，但一直没有实际行动。2015年3月4日，在得知孙某某正因其他涉嫌职务犯罪问题被纪委立案调查后，被告人林某某通过其兄林某将购车款人民币36万余元退还孙某某。

后一审法院认定被告人林某某犯受贿罪，判处有期徒刑三年，缓刑三年，并处罚金人民币20万元。林某某提起上诉后，二审法院裁定维持原判。

---

①本案例为作者参与办理的案件。

（三）案例评析

1.国家工作人员向单位或个人"借用"款物，可能构成受贿犯罪。

随着反腐的深入推进，越来越多更具隐蔽性的权钱交易方式出现，以借为名的受贿行为就是较为普遍的一种，对于国家工作人员借用款物的行为是否属于受贿，需要进行实质性判断。

最高人民法院《全国法院审理经济犯罪案件工作座谈会纪要》（法发〔2003〕167号）规定："国家工作人员利用职务上的便利，以借为名向他人索取财物，或者非法收受财物为他人谋取利益的，应当认定为受贿。具体认定时，不能仅仅看是否有书面借款手续，应当根据以下因素综合判定：（1）有无正当、合理的借款事由；（2）款项的去向；（3）双方平时关系如何、有无经济往来；（4）出借方是否要求国家工作人员利用职务上的便利为其谋取利益；（5）借款后是否有归还的意思表示及行为；（6）是否有归还的能力；（7）未归还的原因；等等。"

根据上述文件规定，以借款为例进行以下分析（借用其他财物的行为可以参照分析）：

（1）借款方有无正当、合理的借款事由。以借为名的受贿行为发生于两个具有完全民事责任能力的自然人之间，但出借人与借款人的各自身份、职业，以及双方之间的日常交往与联系情况，是判断借款行为是否正当、合理，进而判断是否涉嫌受贿的重要标准。

（2）借款的用途及借款的实际去向。借款的用途是真实的还是虚构的，是用于弥补一时的资金短缺还是放作闲置抑或投资生息，是借款人本人支配使用还是给其他特定关系人，均是判断借款用途是否真实合理的重要情节要素。如果借款人并不缺少资金，而以借为名用于购买汽车、房屋等资产，或者将借款给其特定关系人购房或者投资，并且出借人对此均主观明知，该借款的真实性显然存疑。

（3）借款行为与履职行为之间有无内在联系。国家工作人员向与其具有业务或工作联系的相对人借款，本身就存在不同于一般民间借款行为的"权钱交易"特征，要将该借款行为结合出借人是否通过该国家工作人员谋取利益的客观情况相结合，深入剖析借款与履职行为之间的关系，是准确把握受贿犯罪"为他人谋取利益"要件的关键所在。

（4）借款人有无还款的具体行为以及还款原因。对有无还款行为不能机械认定，要充分考虑到还款行为的发生时间，系全额还款还是部分还款，已还款项占全部借款的比例等客观情况。仅归还少量借款的，并不能表明借款人有全部归还借款的真实意思表示。

（5）出借人有无催还款的具体行为以及催还原因。借款关系发生后，出借人有无向借款人要求还款，如果从未催要，则需要结合出借人的证言分析判断该借款的真实性。正常的借款关系中，如果借款人逾期未还款的，出借人往往会以电话、短信、微信等形式或者当面催要。如果借款双方证明有过催款行为的，则需查明具体的催款形式，不能仅凭双方的言辞证据予以确认。

本案中，林某某作为国有公司经理，直接决定公司与孙某某实际控制公司的业务往来，孙某某"借钱"为林某某买车的行为与林某某的职务行为之间具有密切的因果联系，林某某在"借款"买车后，虽有口头还款的表达并无实际的还款行为，直到得知孙某某被纪委调查，害怕"借款"买车一事被查，才将借款偿还，为时已晚。林某某的行为符合受贿罪的犯罪构成，属于受贿犯罪既遂后，因害怕被追究法律责任而实施的被动退赃行为。

2.企业合规风险提示。

国有企业管理人员属于《监察法》第15条规定的公职人员，一旦其依职权或者经国资方委派，从事管理、监督国有资产的职务行为，其身份就具有了国家工作人员的属性，如果其在履职过程中，接受业务相对方或者其他请托人的财物，为请托人谋取利益，无论该利益是否实现，均构成受贿罪。

因此，国有企业管理人员应尽量避免在未支付合理对价且没有正当理由的情况下，以出借或出租等方式接受利益相关方给予的高价值动产、不动产，自用或交其密切关系人使用，抑或以明显低于市场价格的对价获得上述动产、不动产等财物。这种"借用"财物的行为具有较高涉罪风险。

二、利用影响力受贿罪

（一）罪名解析

利用影响力受贿罪，是指家工作人员的近亲属或者其他与该国家工作人员关系密切的人，通过该国家工作人员职务上的行为，或者利用该国家工作人员职权或者地位形成的便利条件，通过其他国家工作人员职务上的行为，为请托人谋取不正当利益，索取请托人财物或者收受请托人财物。

另外，离职的国家工作人员或者其近亲属以及其他与其关系密切的人，利用该离职的国家工作人员原职权或者地位形成的便利条件实施上述行为的，亦构成本罪。

本罪的处罚分三档：第一档，数额较大或者有其他较重情节的，处三年以下有期徒刑或者拘役，并处罚金；第二档，数额巨大或者有其他严重情节的，处三年以上七年以下有期徒刑，并处罚金；第三档，数额特别巨大或者有其他特别严重情节的，处七年以上有期徒刑，并处罚金或者没收财产。

（二）典型案例——企业利用退休法官的门路打赢官司，靠谱吗①

被告人宋某某于2017年10月从C市中级人民法院退休，于2017年11月到某律师事务所执业。A公司与B公司因施工合同产生纠纷，2017年10月27日B公司向C市中级人民法院提起诉讼。A公司法定代表人于某某和总经理刘某为在案件诉讼中胜诉，考虑此前宋某某为A公司在案件上提供过帮助、又是从C市中级人民法院退休的法官，对案件胜诉有利，A公司于2017年11月与被告人宋某某签订聘用合同，宋某某以法律顾问的名义，约定通过诉讼为A公司解决与B公司纠纷后，收取顾问费200万元。该案件在C市中级人民法院一审期间，被告人宋某某为规避律师执业

---

① 案例来源于中国裁判文书网。

禁止性规定，将案件委托给同所律师赵某某出庭应诉。案件审理期间，宋某某利用其曾经在C市中级人民法院担任法官与该案件审判人员熟悉的便利，与本案的一审、二审法官私下沟通案情，对案件的审判施加影响，并对一审、二审案件法官进行贿赂。从2017年11月至2019年7月，宋某某共收取A公司人民币200万元。

一审法院认定被告人宋某某在离职后，利用其离职前在C市中级人民法院担任法官的便利条件，为请托人谋取不正当利益，收受请托人财物，其行为构成利用影响力受贿罪。

（三）案例评析

1.如何理解本罪中的"特定关系人"及"影响力"？

（1）特定关系人的范围：《最高人民法院、最高人民检察院关于办理受贿刑事案件适用法律若干问题的意见》（法发〔2007〕22号）中规定，"特定关系人"是指与国家工作人员有近亲属、情妇（夫）以及其他共同利益关系的人。其中，《刑法》中的近亲属范围，不同于民法、行政法上的近亲属概念，根据刑事诉讼法的相关规定，近亲属是指夫、妻、父、母、子、女、同胞兄弟姐妹。

（2）国家工作人员职权所产生的"影响力"存在两种情况：

第一种，非国家工作人员基于与国家工作人员的特定关系，利用该国家工作人员职权或者地位形成的便利条件，收受请托人财物，为请托人谋取不正当利益。

第二种，国家工作人员离职前的职权或地位所产生的影响力，离职的国家工作人员或者其近亲属以及其他与其关系密切的人，利用该离职的国家工作人员原职权或者地位形成的便利条件，收受请托人财物，为请托人谋取不正当利益。本案例中，宋某某利用的影响力即属于该种情形。

2.企业合规风险提示。

有的企业高管人员或实际控制人缺乏合规意识，在企业应对诉讼过程中，迷信于"托关系""找路子"，即使暂时在案件诉讼中取得胜诉判决结果，依然存在风险。上述案例中的民事案件，因宋某某被认定犯利用影响力受贿罪后，B公司可以依法申请对该案进行审判监督或者申请人民检察院进行抗诉，A公司通过宋某某利用影响力所获得的不正当利益最终还是要丧失，整个过程中A公司所支付的200万元成本并未给其带来相应的合法利益。

同时，通过有影响力的人对诉讼案件的结果进行干预，极容易被认定为"谋取不正当利益"，企业相关人员为打赢官司而送给有影响力的人财物的行为，还存在涉嫌刑事犯罪风险，可能构成对有影响力的人行贿罪。因此，企业"托关系"打官司，不但可能事与愿违，自身的刑事法律风险也是极大的。

三、行贿罪

（一）罪名解析

行贿罪，是指为谋取不正当利益，给予国家工作人员以财物的行为。在经济往来中，违反国家规定，给予国家工作人员以财物，数额较大的，或者违反国家规定，给予国家工作人员以各种名义的回扣、手续费的，以行贿论处。

例外情况：因被勒索给予国家工作人员以财物，没有获得不正当利益的，不是行贿。

行贿罪的处罚分三档，第一档，五年以下有期徒刑或者拘役，并处罚金；第二档，情节严重的，或者使国家利益遭受重大损失的，处五年以上十年以下有期徒刑，并处罚金；第三档，情节特别严重的，或者使国家利益遭受特别重大损失的，处十年以上有期徒刑或者无期徒刑，并处罚金或者没收财产。

行贿罪的法定从宽情节：行贿人在被追诉前主动交代行贿行为的，可以从轻或者减轻处罚。其中，犯罪较轻的，对侦破重大案件起关键作用的，或者有重大立功表现的，可以减轻或者免除处罚。

（二）典型案例——公司法定代表人为了索要工程结算款而贿赂领导，构成行贿罪吗①

被告人李某系A公司法定代表人，赖某系某国有投资公司董事长（系国家工作人员）。2019年，A公司承接了该国有投资公司发包的道路改扩建工程。工程项目实施过程中，A公司负责人李某多次请托赖某在工程款结算方面给予关照，并先后多次送予赖某钱款共计300万元。后在赖某的关照下，该项目的工程款拨付顺利。

一审法院认定，李某为谋取不正当利益，向国家工作人员行贿300万元，其行为构成行贿罪。

---

① 案例为作者参与办理的案件。

（三）案例评析

1.对"谋取不正当利益"的认定与解析。

《最高人民法院、最高人民检察院关于办理行贿刑事案件具体应用法律若干问题的解释》（法释〔2012〕22号）第十二条规定：行贿犯罪中的"谋取不正当利益"，是指行贿人谋取的利益违反法律、法规、规章、政策规定，或者要求国家工作人员违反法律、法规、规章、政策、行业规范的规定，为自己提供帮助或者方便条件。违背公平、公正原则，在经济、组织人事管理等活动中，谋取竞争优势的，应当认定为"谋取不正当利益"。需要特别强调的是，"谋取不正当利益"既包括行贿人谋取的利益本身不正当，也包括谋取利益的程序和方式不正当。

由此可见，本案中虽然对于已施工完毕且质量合格的工程，李某具有民法所保护的要求甲方结算工程款的合法权益，但是该部分工程款并不是确定可得的利益。催要工程款的行为本身是合法的，但是通过贿赂方式让国有公司领导赖某帮忙，属于在经济活动中"谋取竞争优势"的情形，亦属于谋取不正当利益的行为。

2.企业合规风险提示。

日常经营活动中，"要账难"的情况普遍存在于民营企业与国有公司或政府机关之间的经济活动中，在处理这一问题时，民营企业的实际控制人或高级管理人员，一定要对法律心存敬畏，提高合规经营意识，把握好与国家工作人员之间交往的界限和尺度。权钱交易虽隐蔽性强，但一经发现，涉罪风险很高，被查处的代价也是巨大的，除面临刑罚外，多年来苦心经营的企业可能因相关责任人涉刑而迅速走向衰败，甚至破产倒闭。

四、单位行贿罪

（一）罪名解析

单位行贿罪，是指单位为谋取不正当利益而行贿，或者违反国家规定，给予国家工作人员以回扣、手续费，情节严重的行为。

《刑法》对单位犯罪的处罚采用双罚制：第一，对单位判处罚金，第二，对其直接负责的主管人员和其他直接责任人员，处五年以下有期徒刑或者拘役，并处罚金。

因行贿取得的违法所得归个人所有的，不构成单位行贿罪而构成行贿罪，依据行贿罪相关规定定罪处罚。

（二）典型案例——公司法定代表人向官员行贿，其行为构成行贿罪还是单位行贿罪①

2003年至2014年期间，被告人柴某作为A公司法定代表人，为给A公司在土地租赁等事项上谋取不正当利益，给予历任某区街道办事处主任、财政局局长的国家工作人员张某款项共计170余万元。被告人柴某在到案后如实交代了其向张某行贿的全部犯罪事实。

一审法院认定，被告单位A公司及该公司直接负责人被告人柴某为给单位谋取不正当利益，以单位名义向党政机关领导行贿共计170余万元，该单位及被告人均已构成单位行贿罪。

---

① 本案例来源于中国裁判文书网。

（三）案例评析

1."不正当利益"归属于"个人"还是"单位"是判定行贿犯罪行为性质的关键标准。

行贿行为所谋取的不正当利益，是否归属于"单位"，是认定是否构成单位行贿罪的关键标准。根据《刑法》第30条及相关司法解释的规定，单位犯罪中的"单位"包括国有、集体所有的公司、企业、事业单位，也包括依法设立的合资经营、合作经营企业和具有法人资格的独资、私营等公司、企业、事业单位。

《全国法院审理金融犯罪案件工作座谈会纪要》规定："以单位的分支机构或者内设机构、部门的名义实施犯罪，违法所得亦归分支机构或者内设机构、部门所有的，应认定为单位犯罪。不能因为单位的分支机构或者内设机构、部门没有可供执行罚金的财产，就不将其认定为单位犯罪，而按照个人犯罪处理。"此纪要文件对于区分单位犯罪和个人犯罪具有重要指导意义，为非法人机构等单位谋取不正当利益，该利益又直接归属于单位的，即使该单位不具有法人资格，亦可以成为单位行贿罪的犯罪主体。

《刑法》第393条规定"因行贿取得的违法所得归个人所有的，依照本法第三百八十九条、第三百九十条的规定定罪处罚"也是将不正当利益的最终归属作为认定行贿行为构成单位行贿罪还是行贿罪的关键标准。

司法实践中，到底何种情况属于谋取不正当利益归属于"单位"，何种情况又会被认定为归属于"个人"，主要把握以下几个标准：根据主客观相一致的原则，主观上是"单位"意志还是"个人"意志；是为"单位"谋利还是以单位的名义为个人谋利；该不正当利益实现后是归属于本单位还是行贿人个人；财产性利益的最终去向是单位意志的体现，还是行贿人个人支配和控制的结果。本案中，被告人柴某为公司在土地租赁等事项上谋取不正当利益，依据前述判断标准，显然为单位犯罪。

2.企业合规风险提示。

行贿罪和单位行贿罪，对涉案企业责任人员的刑事处罚标准存在重大差别。

根据《刑法》及相关司法解释，行为人涉嫌行贿罪时，情节特别严重或者使国家利益遭受特别重大损失的，处十年以上有期徒刑或者无期徒刑，并处罚金或者没收财产，通常情况下，行贿数额在500万元以上，或者因行贿而造成经济损失数额在500万元以上，就会被判处十年以上有期徒刑或者无期徒刑。而当单位涉嫌单位行贿罪时，对单位判处罚金，并对直接负责的主管人员和其他直接责任人员，处五年以下有期徒刑或者拘役，并处罚金。

也就是说，同样是行贿500万元以上的涉罪行为，如果涉案企业实际控制人或者管理层人员为了谋取不正当利益而行贿，利益归属于行贿人个人时，符合行贿罪的犯罪构成，可能被判处十年以上有期徒刑或者无期徒刑，并处罚金或者没收财产；如果涉案企业实际控制人或者管理层人员为了谋取不正当利益而行贿，该利益归属于本企业时，符合单位行贿罪的犯罪构成，最高刑期是五年有期徒刑并处罚金。涉嫌行贿犯罪的金额越高，该两罪名的处罚结果差别越大，涉案企业实际控制人或管理层人员所面临的刑事风险也越高。

五、贪污罪

（一）罪名解析

贪污罪，是指国家工作人员利用职务上的便利，侵吞、窃取、骗取或者以其他手段非法占有公共财物的行为。受国家机关、国有公司、企业、事业单位、人民团体委托管理、经营国有财产的人员，利用职务上的便利，侵吞、窃取、骗取或者以其他手段非法占有国有财物的，以贪污论。

贪污罪的处罚分三档：第一档，贪污数额较大或者有其他较重情节的，处三年以下有期徒刑或者拘役，并处罚金。第二档，贪污数额巨大或者有其他严重情节的，处三年以上十年以下有期徒刑，并处罚金或者没收财产。第三档，贪污数额特别巨大或者有其他特别严重情节的，处十年以上有期徒刑或者无期徒刑，并处罚金或者没收财产；数额特别巨大，并使国家和人民利益遭受特别重大损失的，处无期徒刑或者死刑，并处没收财产。

（二）典型案例——国企领导"无知"决策，错上加错，违纪行为终成贪污重罪[①]

被告人王某系某国有影视公司董事长，其前妻盛某实际控制多家民营公司从事影视剧拍摄业务。2008年至2013年期间，王某利用职权帮助盛某获得集团资金，支持其拍摄电视剧六部，通过签订相应的投

_____

① 本案例为作者参与办理的案件。

资协议或者"以借代投"等形式的借款协议，将国有公司资金支付给盛某实际控制的公司，盛某用这些资金投资拍摄了相应电视剧作品。后因电视剧的发行或者拍摄问题产生了巨额损失，盛某无力按照约定，偿还国有公司资金。

被告人王某于2013年退休前，接受离任审计时，因担心其利用职权违规投放给盛某实际控制的公司用于影视剧拍摄而未收回的资金问题被发现，遂接受下属武某建议，通过伪造虚假投资协议的方式将该国有公司资金800万余元通过B公司以预收账款方式转回国有公司，用于冲销盛某尚未归还的投资款。

一审法院认定，被告人王某利用职务上的便利，以国有公司资金转入平账的手段，偿还其密切关系人尚未归还的公司欠款，非法占有公共财物，其行为构成贪污罪。

（三）案例评析

1.国有企业高管的违纪行为，因逃避审计而实施了虚假平账行为，升级为贪污犯罪。

王某利用职权将国有公司资金投资于前妻盛某实际控制的影视公司用于拍摄电视剧的行为，虽属"以权谋私"，但因为国有公司资金的使用均履行了正规的审批手续，且该资金进入盛某实际控制的公司后，实际用于影视剧的拍摄，并且有返还国有公司投资款及投资收益的客观事实存在，因此王某的行为本身属于违纪行为。

在退休离任审计前，其前妻盛某实际控制的公司有尚未返还的投资款1000余万元，王某一直在持续追偿该部分款项，并以个人积蓄偿还了部分款项。王某因害怕该问题被发现，听从下属建议，将国有公司从外部收回的其他资金，通过签订虚假协议的方式转入公司账户，想着先将该部分资金缺口补上，日后追回资金后再归还给国有公司。就是这一"法盲"的无知举动，将其本属纪律处分的行为转变成了符合贪污罪犯罪构成的犯罪行为。

2.企业合规风险提示。

国企高管应知法守法、合规决策，避免因"无知"而"错上加错"的风险。

身为国有公司董事长的王某，其"以权谋私"的行为本属于接受党内纪律处分的违纪行为，却因为不懂法律，缺乏合规意识，接受了同为"法盲"的下属建议，想着先"拆东补西"，逃避离任审计后，再继续追偿国有资金，结果最终犯贪污罪，被判处十年以上有期徒刑并处罚金。此案的案发过程及结果，对于国有企业高级管理人员而言，具有重大的警示教育意义。

知法守法，合规决策，这是对身居要职的国有企业高级管理人员的必然要求。随着市场经济不断深化改革，国有企业的经营活动越来越市场化，国家对国有企业经营活动的监管，特别是对国有资产的监管只会越来越严格、越来越规范化。国企高管人员肩负着合规经营、国有资产保值增值的重任，必须在重大项目决策、日常生产经营活动中，将守法合规经营作为红线和底线，要重视专业法律人员，特别是外部专业律师的意见，切忌盲目决策，避免酿成大错。

六、挪用公款罪

（一）罪名解析

挪用公款罪，是指国家工作人员利用职务上的便利，挪用公款归个人使用，进行非法活动的，或者挪用公款数额较大、进行营利活动的，或者挪用公款数额较大、超过三个月未还的行为。

挪用公款罪的处罚分三档：第一档，处五年以下有期徒刑或者拘役；第二档，情节严重的，处五年以上有期徒刑；第三档，挪用公款数额巨大不退还的，处十年以上有期徒刑或者无期徒刑。

法定从重情节：挪用用于救灾、抢险、防汛、优抚、扶贫、移民、救济款物归个人使用的，从重处罚。

（二）典型案例——国企经理"因公"出借公司资金，竟成挪用公款犯罪①

被告人李某某系某国有开发建设公司总经理。2010年底，该国有开发建设公司与A公司（民营企业）共同成立B公司（国有公司持股30%，A公司持股70%），合作开发一还迁小区房地产项目。因A公司资金紧张，无法按期偿还项目银行贷款，李某某指示单位财务人员于2010年11月26日以"工程款"名义，将单位公款4000万元通过下属全资子公司出借给A公司用于还贷，资金到账后A公司将该笔资金用于清偿前期贷款，并重新办理了一笔银行贷款，并于12月28日将该4000万元以"投资款"名义转回到该国有公司账户中。

一审法院认定，被告人李某某让单位财务人员以"工程款"名义

———————————

① 本案例为作者参与办理的案件。

支付到A公司的关联公司账户中，而在A公司返还该笔借款时，在财务账目只注明"投资款"，隐瞒款项实际用途，造成财务未能及时清兑此笔款项，客观上形成逃避财务监管的事实，依照相关罪名解析，李某某的行为应认定为以个人名义将公款供其他单位使用，被告人李某某的行为构成挪用公款罪。

（三）案例评析

1.资金使用路径不同，行为性质完全不同。

本案中，作为国有公司总经理的李某某，之所以会将该4000万元资金暂时出借给民营企业A公司，帮助A公司"倒贷"，主要是由于双方共同开发的还迁小区项目资金链紧张，该国有公司代表政府主导该项目的开发建设，由于政府未及时支付该项目款项，A公司始终未获得已交付部分房产的回流资金，导致A公司无法继续投入资金，无法按期完成该还迁小区的开发建设，进而引发大量还迁户到当地政府部门信访的问题。在重重压力之下，身为国有公司高管的李某某忽略了违规动用国有公司资金的法律风险，直接将A公司账面上的4000万元国有资金通过下属子公司以"工程款"名义支付给民营企业，逃避财务监管，虽然解决了项目建设资金短缺问题，却无法逃脱《刑法》对其挪用公款行为的"秋后算账"。

2.企业合规风险提示。

在国有企业资金拆借过程中，如何应对挪用公款罪的刑事法律风险？应对该类风险的基本原则是"专款专用，账实相符"。在企业日常经营管理活动中，国有公司高管人员及财务人员，一定要避免"逃避财务监管"的违规情形出现，根据《刑法》及相关司法解释的规定，当国家工作人员将国有资金以虚构名目、账实不符等方式出借给其他单位或自然人使用时，属于"逃避财务监管"行为，进而会被认定为"挪用公款归个人使用"，涉嫌挪用公款犯罪。

那么，什么样的行为可能会被认定为"逃避财务监管"呢？从财务会计角度，凡是未客观反映资金真实去向及业务活动性质的"账实不符"行为，都可能会被认定为实施了逃避财务监管行为，进而被认定为"以个人名义"出借公款。当然，如果行为人挪用公款后采取虚假发票平账、销毁有关账目等手段，使所挪用的公款已难以在单位财务账目上反映出来，且没有归还行为的，应当以贪污罪定罪处罚。

上述案件中，李某某如果按照国有公司章程履行审批手续后，将该4000万元以投资款形式转入B公司账户中，后B公司再与股东A公司直接进行资金拆借，待A公司重新获取银行贷款后偿还给B公司，B公司再以"返还投资款"的形式将该笔资金归还国有公司，便可有效避免"挪用公款"的刑事风险。

第三节　企业涉腐犯罪的风险分析及防控

一、企业外部风险及防控

（一）国家加大对行贿行为的查处力度，明确严查行贿行为

2021年9月，中央纪委国家监委与中央组织部、中央统战部、中

央政法委、最高人民法院、最高人民检察院联合印发了《关于进一步推进受贿行贿一起查的意见》（以下简称《意见》），对进一步推进受贿行贿一起查作出部署。《意见》指出，坚持受贿行贿一起查，是党的十九大作出的重要决策部署，是坚定不移深化反腐败斗争、一体推进不敢腐、不能腐、不想腐的必然要求，是斩断"围猎"与甘于被"围猎"利益链、破除权钱交易关系网的有效途径。要清醒认识行贿人不择手段"围猎"中共党员干部是当前腐败增量仍有发生的重要原因，深刻把握行贿问题的政治危害，多措并举提高打击行贿的精准性、有效性，推动实现腐败问题的标本兼治。

1.五类需要重点查处的行贿行为。

《意见》明确了查处行贿行为的五个重点。一是多次行贿、巨额行贿以及向多人行贿，特别是党的十八大后不收敛不收手的；二是党员和国家工作人员行贿的；三是在国家重要工作、重点工程、重大项目中行贿的；四是在组织人事、执纪执法司法、生态环保、财政金融、安全生产、食品药品、帮扶救灾、养老社保、教育医疗等领域行贿的；五是实施重大商业贿赂的。

2.严查行贿人通过贿赂行为所获得的不正当利益。

《意见》要求，纪检监察机关、审判机关和检察机关根据职能职责严肃惩治行贿行为。对于行贿所得的不正当财产性利益，依法予以没收、追缴或者责令退赔；对于行贿所得的不正当非财产性利益，如职务职称、政治荣誉、经营资格资质、学历学位等，督促相关单位依照规定通过取消、撤销、变更等措施予以纠正。

3.建立行贿人"黑名单"制度。

未来纪检监察机关会进一步强化在查处行贿工作中的内控机制，案件承办部门、案件监督管理部门、案件审理部门在对行贿人处理中相互监督、相互制约，确保监督执纪执法权力正确行使。

中央纪委国家监委正在建立行贿人"黑名单"制度，并就纪检监察机关与人大机关、政协机关和组织人事部门、统战部门、执法机关等对行贿人开展联合惩戒进行探索实践，以提高治理行贿的综合效能。

（二）防控建议

企业及其管理人员一定要重视此份文件对纪检监察以及司法实践所产生的重要影响。过去较长的一段时间里，有权机关对行贿行为的查处力度相比受贿罪小很多。很多行贿人，只要积极配合组织调查，主动提供证据线索，甚至在纪检环节作出相应处理后，不再移送司法追究其刑事法律责任。

但是党的十八大以后，特别是近年来，随着国家反腐工作体系化、制度化的推进，行贿犯罪被越来越严格地查处。因此企业一定要在日常经济活动中，特别是与国家机关和国有企业打交道的过程中，避免权钱交易的贿赂行为，不要心存侥幸，给企业经营和高管人员埋下刑事涉罪风险。

二、企业内部风险及防控

（一）因缺乏有效合规管理机制而涉罪的风险

1."谋取不正当利益"的风险。

当前及未来的一段时间内，国家会同时推进严查贿赂犯罪和保护民营企业发展两项工作，既保护涉案人员和企业的合法权益，又严厉查处涉案人员的行贿行为及通过行贿所获得的非法利益。两项工作同时推进，有利于为经济发展创造健康良性的社会环境，构建公平竞争的市场秩序和亲清政商关系，营造风清气正的社会环境，既严厉打击各种"谋取不正当利益"的贿赂行为，同时对各类企业合法权益进行有力保护。

2. "管理层凌驾于合规管理之上"的风险。

企业的管理层及实际控制人，越是缺乏法律常识、合规管理意识，越容易超越企业已制定的规章及内控制度，越容易出现管理层凌驾于合规管理之上的风险。具体而言，对于国有企业高管，在重大决策和复杂经营活动中，要将合规作为警戒线，切勿因不知法、不懂法而涉罪。尽量在履职过程中，严格遵守"三重一大"事项集体决策的制度，警惕企业中可能存在的非法侵吞国有资产、非法使用国有资产或者造成国有资产损失的高危事件。

（二）防控建议

企业在生产经营过程中，一定要守法经营、合规经营，通过市场方式、正当手段获取合法权益，积极利用法律手段维护自身合法权益，避免以贿赂手段，通过寻租等方式，谋取不正当利益。

总之，企业的稳健运营离不开良好、规范、法治的营商环境及交易秩序，涉腐犯罪的本质是权钱交易，是寻租行为，是对公平市场交易秩序的严重破坏。企业及相关人员一定要清楚地看到，通过"权钱交易"虽然可能获得短期商业利益，但该行为未来遭受的刑事处罚，其成本和代价都是高昂的。众多的贪腐案例一次又一次地证明，合规守法经营是企业持续发展的前提，只有积极应对包括涉腐犯罪在内的刑事法律风险，国有企业管理人员才能更好地履职尽责，民营企业家才能更好地创造财富。

第二章　涉税犯罪

第一节　法律背景分析

2016年至2020年，我国有八部税收法规被修订并上升为法律，税收法治体系不断完善，法治基础不断夯实，为构建法治化税收营商环境提供坚实保障。同时，我国税收执法能力和效率大大提升，高度重视数字化发展，2021年3月，中共中央办公厅、国务院办公厅印发《关于进一步深化税收征管改革的意见》，文件中指出，力争到2023年，基本建成"无风险不打扰、有违法要追究、全过程强智控"的税务执法新体系，实现从经验式执法向科学精确执法转变；基本建成以"双随机、一公开"监管和"互联网+监管"为基本手段、以重点监管为补充、以"信用+风险"监管为基础的税务监管新体系，实现从"以票管税"向"以数治税"分类精准监管转变，并要求依法严厉打击涉税违法犯罪行为，充分发挥税收大数据作用，依托税务网络可信身份体系对发票开具、使用等进行全环节即时验证和监控，实现对虚开骗税等违法犯罪行为惩处从事后打击向事前事中精准防范转变；健全违法查处体系，充分依托国家"互联网+监管"系统多元数据汇聚功能，精准有效打击"假企业"虚开发票、"假出口"骗取退税、"假申报"骗取税费优惠等行为，保障国家税收安全。对重大涉税违法犯罪案件，依法从严查处曝光并按照有关规定纳入企业和个人信用记录，共享至全国信用信息平台。

2021年10月，全国打击"三假"虚开骗税违法犯罪专项行动总结暨常态化打击工作部署会议在北京召开，会议披露，自2018年8月启动打击"三假"专项行动以来，截至2021年9月，依法查处涉嫌虚开骗税企业44.48万户，挽回出口退税损失345.49亿元，抓获犯罪嫌疑人43459人，5841名犯罪嫌疑人慑于高压态势主动投案自首，并要求今后打击"三假"涉税违法犯罪行为常态化。同时，国家税务总局也接连曝光了网络直播、涉税专业中介服务等领域的典型案例，这些案例中不少是税务部门通过税收大数据分析发现异常后依法进行查处的，可以说，智能化税收大数据分析系统在案件的发现和查处中功不可没，为税务机关加强风险预警、科学精准监管提供了有力支撑。

随着金税四期的启动，我国对税务的管控正在逐步迈向数字化和智慧化——金税四期搭建了各部委、人民银行以及银行等参与机构之间信息共享和核查的通道，不仅对税务监控，"非税"业务也被纳入其中，将会对业务进行更全面的监控。因此，以智能化税收大数据分析为主、其他手段为辅的税务精准监管利剑已经高悬，切莫存有侥幸心理，对于企业来说，未来企业的财务合规和税务合规，将是唯一出路。

第二节 涉税犯罪的罪名与处置

一、逃税罪

（一）罪名解析

逃税罪，是指纳税人采取欺骗、隐瞒手段进行虚假纳税申报或者不申报，逃避缴纳税款数额较大并且占应纳税额百分之十以上的行为或扣缴义务人采取前款所列手段，不缴或者少缴已扣、已收税款，数额较大的行为。需要注意的是，本条规定了行政处罚前置的程序，只要纳税人及时接受行政处罚（补缴税款、缴纳滞纳金）即可以阻却本罪成立，但是扣缴义务人和五年内因逃避缴纳税款受过刑事处罚或者被税务机关给予两次以上行政处罚的纳税人除外。

（二）典型案例——有罪还是无罪

1. "接受处罚有罪变无罪"①与"拒不纳税被判十个月"②。

李某系H公司的法定代表人。2003年至2007年间，H公司收入总额为7320445.51元，应缴纳税款803413.14元，已缴纳税款357120.63

---

①案例来源于中国裁判文书网。
②同上。

元，逃避缴纳税款共计446292.51元。2006年4月，某市地方税务局稽查局接到实名举报开始调查本案，后在未通知补缴、未予行政处罚的情况下，作出涉税案件移送书，直接移送某区公安局立案侦查。H公司在侦查期间主动补缴了税款458069.08元。一审和二审均判决H公司和李某构成逃税罪。H公司逐级申诉至最高人民法院，最高人民法院指令再审。再审后，法院认为本案未经行政处置程序而直接追究H公司及李某个人的刑事责任，剥夺了纳税义务人纠正纳税行为的权利，不符合《刑法》修订后的立法精神，判决撤销原裁判，宣告H公司、李某无罪。

被告人陈某系S公司法定代表人，以在互联网控机上打印或手写的方式，在开具发票时采取大小头的操作，以小额发票向税务机关申报纳税的方式逃避缴纳税款义务，将大额发票按照实际开票金额3%—8%的价格予以出售。后，被告人陈某为逃避税务机关的检查，搬离办公地点，失去联系，税务局将案件交给公安局处理，陈某被判处有期徒刑十个月，并从公司账户上划扣了相应的税款。

2."被不起诉"与"未进入刑事程序"。

2002年7月24日，刘某某因涉嫌偷税漏税，经北京市人民检察院第二分院批准被依法逮捕。经税务机关调查认定，刘某某及其所办的文化艺术有限责任公司和实业发展有限公司，自1996年以来，采取不列、少列收入，多列支出，虚假申报，通知申报而拒不申报等手段，偷逃税1458.3万元，加上滞纳金573.4万元，欠税2000万。公司的账号被查封，银行196万元的存款全部被缴。2004年，法院以偷税罪判处刘某某的文化艺术责任有限公司罚金人民币710万元，以偷税罪判处被告人文化艺术责任有限公司总经理靖某（刘某某妹夫）有期徒刑3年。刘某某本人被不起诉。

2018年6月初范某某被举报阴阳合同涉税问题被查，核查结果为：范某某在某影片拍摄过程中实际取得片酬3000万元，其中1000万元已经申报纳税，其余2000万元以拆分合同方式偷逃个人所得税618万元，少缴营业税及附加112万元，合计730万元。此外，还查出范某某及其担任法定代表人的企业少缴税款2.48亿元，其中逃避缴纳税款1.34亿元。对于上述违法行为，江苏省税务局对范某某及其担任法定代表人的企业追缴税款2.55亿元，加收滞纳金0.33亿元；对范某某采取拆分合同手段隐瞒真实收入逃避缴纳税款处4倍罚款计2.4亿元，对其利用工作室账户隐匿个人报酬的真实性质逃避缴纳税款处3倍罚款计2.39亿元；对其担任法定代表人的企业少计收入逃避缴纳税款处1倍罚款计94.6万元；对其担任法定代表人的两户企业未代扣代缴个人所得税和非法提供便利协助少缴税款各处0.5倍罚款，分别计0.51亿元、0.65亿元。由于范某某属于首次被税务机关按逃税予以行政处罚且此前未因逃避缴纳税款受过刑事处罚，上述定性为逃税的税款、滞纳金、罚款在税务机关下达追缴通知后在规定期限内缴纳的，依法不予追究刑事责任。

（三）案例评析

《刑法修正案（七）》对《刑法》第201条增设了第四款不予追究刑事责任的情形，规定对逃税纳税人（五年内没有因逃税被刑事处罚过或被税务机关给予二次以上行政处罚的）在税务机关依法下达追缴通知后，补缴应纳税款，缴纳滞纳金，并已经接受行政处罚的，不予追究刑事责任。这就是在第一组案例中，李某及其公司最终被宣告无罪，在第二组案例中，范某某逃税金额远大于刘某某却没有受到刑事追诉的原因。因此企业在涉嫌逃税犯罪的时候，务必要重视行政机关的处理和处罚，及时缴纳税款、滞纳金和罚款；同时也要注意依法纳税，否则五年内因逃避缴纳税款，被刑事处罚或被税务机关给予两次以上行政处罚的，即使再次接受行政处罚也不影响追究刑事责任。需要注意，行政前置程序仅适用于纳税人，而不适用于扣缴义务人，若扣缴义务人不缴或者少缴已扣、已收税款，数额较大的，不需要行政机关前置程序，即使扣缴义务人已经按照税务机关的行政处罚决定缴纳了税款和罚款，也不影响认定为逃税罪。

虽然刑法修正案给了纳税人一次改正的机会，但是对以往"拆分个人收入，注册个人独资公司，把个人支出挂到公司账上充当经营成本"等较为常见的避税方式也加大了打击力度，如范某某案中所采取的简单粗暴去税务洼地注册公司的方式，把原本是工资薪酬和劳务所得的收入变成了个人独资企业的经营所得，从而改变了收入类型，达到偷逃税的目的。本质上，设立这些公司并非为了经营，而是完全服务于开票避税，因此被界定为偷逃税的手段。

究竟是个人工资薪酬和劳务所得的收入还是个人独资企业的经营所得，这个判断的结果决定了案件的定性。对于收入性质要依据基本法律关系来判断，不能仅仅依据取得收入的途径和形式来认定。通常，建立了劳务关系，所获得的收入就应当作为劳务报酬所得、工资薪金所得处理，并按照综合所得进行申报。不论所得实际进入行为人账户（包括法人账户）的方式和途径为何，均不能影响这些收入为劳务报酬的性质。但在已经建立了劳务或者劳动关系的情况下，又设立个人独资的空壳公司，不发生任何实质性业务，仅仅服务于从支付方接收再转出这些劳务报酬或者工资给个人账户，并按照经营所得申报纳税，就属于"虚假的纳税申报"，构成逃税行为。

二、逃避追缴欠税罪

（一）罪名解析

逃避追缴欠税罪，是指纳税人欠缴应纳税款，采取转移或者隐匿财产的手段，致使税务机关无法追缴欠缴的税款，数额达到一万元以上的行为。本罪与逃税罪的区别有如下几点：一是主体不同，本罪只有纳税人构成；二是是否如实申报纳税，前者为如实申报，后者没有如实申报。

（二）典型案例——对税务机关的处理决定置之不理也构成犯罪吗[1]

陈某、宫某某共同出资成立了H公司。某国税局作出税务处理决定书，认定H公司未取得合法、有效凭证列支，调增2012、2013年应纳税所得额，并补缴2012年所得税38余万元，补缴2013年度所得税53余万元，后被告单位及二被告人对决定书置之不理。因H公司未在规定时间内缴纳税款，某国税局冻结H公司账户，账户余额共计8万余

---

[1]案例来源于中国裁判文书网。

元，但不足以追缴欠税。2015年4月某国税局对冻结账户采取税收强制执行措施，共计扣款12万余元，剩余82万余元税款因账户余额不足未能追缴。陈某、宫某某在明知国税局已作出税务处理决定并催缴所欠税款的情况下，置税务处理决定书于不顾，于2014年9月29日，共同出资成立BR公司。后法院判决H公司犯逃避追缴欠税罪，判处罚金人民币85万元；陈某、犯宫某某犯逃避追缴欠税罪，分别判处有期徒刑三年，缓刑三年，并处罚金人民币85万元。

（三）案例评析

1.在案证据已充分证明了H公司实施逃避追缴欠税的行为，直接导致税务机关无法追缴欠税，虽然《税收征收管理法》规定税务机关可通过冻结扣划账户、扣押查封拍卖财产等方式，甚至行使代位权、撤销权以实现税收强制征收，但这是法律授予税务机关的职权，税务机关可以根据实际情况选择采取何种征收措施，本罪并不要求税务机关"穷尽手段"追缴欠税而未能追缴。

2.企业在接到税务机关的税务处理决定书后，如单位或个人因财力不支、资金短缺而无法按时缴纳税款的，根据《税收征收管理法》第31条规定："纳税人因有特殊困难，不能按期缴纳税款的，经省、自治区、直辖市国家税务局、地方税务局批准，可以延期缴纳税款，但是最长不得超过三个月。"可以向税务机关说明理由并申请延期缴纳。但如果是因为行为人故意拖欠税款，税务机关可采取强制措施，通过银行从其账户上扣缴税款，或扣押、查封、拍卖其财产抵缴税款。纳税人一旦采取逃避缴纳税款的行动，并造成"欠税无法追缴"

的事实，则可能构成逃避追缴欠税罪。

三、虚开增值税专用发票罪

（一）罪名解析

虚开增值税专用发票主要有如下几种情形：为他人虚开、为自己虚开、让他人为自己虚开、介绍他人虚开。虚开增值税专用发票最高可判处无期徒刑。需要注意的是，很多企业在接收增值税专用发票时，因为种种原因可能并不明知发票为虚开，这种情况下虽然并不构成刑事犯罪，但往往也会被要求做税项转出和补缴企业所得税，这时企业一定要及时处理。因为虚开行为涉及行政处罚的案例也大量存在，因此在分析本罪时，加入了行政处罚案例，以备企业能够更好地规避风险。

（二）典型案例

1.虚开增值税专用发票，积极整改，可能被不起诉。[①]

2015年12月间，乌某某、陈某某为了F公司少缴税款，商议决定在没有货物实际交易的情况下，从其他公司虚开增值税专用发票抵扣税款，并指使倪某通过公司供应商杜某某等人介绍，采用伪造合同、虚构交易、支付开票费等手段，从王某某（另案处理）实际控制的商贸公司、电子科技公司虚开增值税专用发票24份，税额计人民币377344.79元，后F公司从税务机关抵扣了税款。

乌某某、陈某某、倪某、杜某某分别于2018年11月22日、23日至公安机关投案，均如实供述犯罪事实。11月23日，公安机关对乌某某

---

① 案例来源于最高人民检察院第二十二批指导性案例。

等四人依法取保候审。案发后，F公司补缴全部税款并缴纳滞纳金。2019年11月8日，公安机关以F公司及乌某某等人涉嫌虚开增值税专用发票罪移送检察机关审查起诉。检察机关经审查，综合案件情况拟作出不起诉处理，举行了公开听证。该公司及乌某某等人均自愿认罪认罚，在律师的见证下签署了《认罪认罚具结书》。

2020年3月6日，检察机关依据《刑事诉讼法》第177条第二款规定，对该公司及乌某某等四人作出不起诉决定，就没收被不起诉人违法所得及对被不起诉单位予以行政处罚向公安机关和税务机关分别提出检察意见。后公安机关对倪某、杜某某没收违法所得共计人民币45503元，税务机关对F公司处以行政罚款人民币466131.8元。

2.虚开税额不到6万元，为何补税竟高达2000多万元？[①]

S公司取得HC公司开具的3份增值税专用发票（金额：299979.48元，税额：50996.52元，价税合计：350976.00元），取得JH公司开具的3份增值税专用发票（金额：35493.84元，税额：6033.96元，价税合计41527.80元），上述六份增值税专用发票均已经认证抵扣，后被认定为取得虚开的增值税专用发票。S公司未在规定期限内接受调查并提供账册凭证等资料，国税局无法准确核算该公司的应纳税所得额，故核定征收S公司企业所得税1300多万元，并在核定企业所得税金额的过程中，认定S公司有偷税行为并处以60%的罚款，高达800多万元，总计2100多万元。

---

① 案例来源于国家税务总局官网。

（三）案例评析

1.对于没有真实的货物（服务）交易，而虚开增值税专用发票触犯刑法的企业来说，应当端正态度，积极补缴税款并认罪认罚，及时提出整改方案，包括修订公司规章制度、明确岗位职责、对员工开展合法合规管理培训，并努力完善公司治理结构，申请检察机关对企业合规情况进行考核评估，并申请公开听证，争取检察机关作出不起诉处理。但需要注意的是，对企业不起诉并不意味着企业不用承担行政责任，对被不起诉人（单位）需要给予行政处罚、处分或者需要没收其违法所得的，检察机关依然会提出检察意见，企业也应当及时补缴税款并交纳罚金。

2.对于善意接受虚开增值税专用发票的企业，需要积极配合税务稽查，不能消极抵抗。因为接受虚开增值税专用发票不仅涉及增值税进项转出，还可能涉及企业所得税调整。进项发票被定性为虚开的，企业首先应当按发票所载税额补缴增值税，此外，如果企业没有发生真实采购业务，发票所载不含税金额属于虚增的成本、费用，企业应当相应调增当期应纳税所得额，补缴企业所得税。如果发生了真实的采买业务，应当及时提供合同、转账流水、物流记录等证明交易的真实性，那么企业所得税不需要调整。消极应对税务稽查可能带来灾难性后果。案例中，如果S公司没有税务违法行为，按照查账征收只需按照虚开的金额补缴增值税和所得税，如上本案中合计为14万余元。但该公司"拒不提供纳税资料"，税务机关有权采用核定征收方法，以"应税收入额×应税所得率"，重新确定企业应纳税额，而且还很有可能被定性为偷税，被处以罚款。S公司即为后一种情况，补税罚款合计2100余万元，两者相差之大足以引起企业的重视！企业在收到税务机关下发的通知后，应与税务机关进行充分的沟通交流陈述、进行申辩或者有效提出抗辩意见，才能推动案件妥善解决。

四、虚开发票罪

（一）罪名解析

虚开发票罪，是指虚开不具有抵扣税款或者退税作用的普通发票，达到一百份以上且票面金额在三十万元以上或者虚开金额累计在五十万元以上以及五年内因虚开发票受过刑事处罚或者二次以上行政处罚，又虚开发票，数额达到前述标准百分之六十以上的行为。本罪虚开的行为与虚开增值税专用发票的虚开行为一样，包括为他人虚开、为自己虚开、让他人为自己虚开、介绍他人虚开四种情形。

（二）典型案例——虚开发票后全部缴纳税款也构成犯罪吗[①]

A公司等七家公司均为民营企业，经营建筑工程相关业务。许某等七人分别是以上七家公司负责人。2011年至2015年，陈某在经营B公司、C公司、D公司期间，在开发某花园等房地产项目过程中，为虚增建筑成本，偷逃土地增值税、企业所得税，在无真实经营业务的情况下，以支付6%—11%开票费的方式，要求A公司等七家工程承揽企业为其虚开建筑业统一发票、增值税普通发票，虚开

---

①案例来源于最高人民检察院首批涉民营企业司法保护典型案例。

金额共计3亿余元。应陈某要求，为顺利完成房地产工程建设、方便结算工程款，A公司等七家企业先后在承建某花园等房地产工程过程中为陈某虚开发票，使用陈某支付的开票费缴纳全部税款及支付相关费用。经审查后，检察机关对A公司等七家公司及许某等七人作出不起诉决定。同时，对陈某及其经营的三家公司以虚开发票罪依法提起公诉。

（三）案例评析

1.虚开发票罪在司法实践中一般认为是行为犯，不需要造成国家税款的损失，换句话说，即使没有偷逃税款，没有造成国家税款的损失，由于虚开发票的行为危害了税收征管秩序，也构成虚开发票罪。如本案中A公司等七家企业，虽然缴纳了全部税款，并未偷逃税款仍然构成本罪。只是因为A公司等七家企业存在自首坦白等法定和酌定从轻情节才被依法不起诉，并不意味着该行为不构成犯罪。

2.随着国家全面深入推行金税工程，虚开增值税专用发票的违法犯罪活动得到有效遏制的同时，有人把违法重点转向普通发票。企业之所以通过虚开发票来扣除成本，主要原因在于我国税收征管中存在"以票管税"的问题，长期以来，企业要想在税前扣除成本，就要取得发票。2018年《企业所得税税前扣除凭证管理办法》出台以后，对企业税前扣除凭证的要求有所放松，但仍然存在一定限制，只有满足特定条件时内部凭证和外部凭证才能作为税前扣除的凭证，而且这些条件较为严格，企业若要实现成本扣除仍有困难。因此，实践中通过虚开发票扣除成本的企业仍然不在少数，但是通过虚开发票这种方式,成本不仅不能扣除,企业和相关人员还将面临行政风险和刑事风险,如本案中的陈某及其经营的三家公司。

五、骗取出口退税罪

（一）罪名解析

骗取出口退税罪,是指以假报出口或者其他欺骗手段,骗取国家出口退税款,达到数额较大的行为。随着国家多次调高部分出口货物的退税率,骗取出口退税的职业骗税团伙活动猖獗,其中相当部分是骗税分子诓骗外贸企业以所谓的"代理出口退税"名义实施的,因此外贸企业要对本罪名格外重视,重点防范被骗税分子诓骗沦为骗税平台,遭受经济损失甚至是刑事风险。

（二）典型案例——企业是否明知挂靠人具有骗取出口退税的故意,直接影响企业是否构罪[①]

DL公司为外贸企业,具有进出口经营权和出口退税权,徐某某任该公司法定代表人。2013年,徐某某同意林某某、张某某挂靠DL公司从事服装出口业务,由DL公司负责提供加盖公章的空白采购合同和报关单给林某某、张某某,由林某某、张某某自行负责组织货源和自行报关出口,DL公司在收到林某某、张某某提供的出口合同、报关单证及发票等资料后,再向国税部门申请退税,并按照出口金额每美元收取人民币0.03元至0.05元的比例收取手续费。2013年10月至2014年11月间,DL公司通过上述方式共接收林某某、张某某提供的由JJ公司等四家公司开具的增值税专用发票930份,并持其中的900份发票向国家税

---

① 案例来源于中国法院网。

务部门申报出口退税，共计申请退税款人民币13982187.38元，其中已经实际退税人民币10256301.61元，所申请的退税款扣除应收取的挂靠费后，余款均汇入林某某指定的账户。

法院认为，DL公司以及直接负责的主管人员徐某某，利用DL公司作为进出口公司可以申请退税的资质，为他人提供挂靠服务，在不见客户、不见货物、不见外商的情况下，允许挂靠人自带客户、自带货源、自带汇票、自行报关从事出口业务，并持挂靠人提供的发票申请退税，显属违法违规行为。但本案并无证据证实DL公司主观上明知挂靠人具有骗取出口退税的故意，不能排除DL公司确系被挂靠人蒙蔽的合理怀疑。遂判决DL公司和徐某某无罪。

（三）案例评析

1.出口退税涉及众多环节与主体，在骗税分子、骗税团伙受到打击的同时，许多外贸公司、综服企业也被卷入其中。如果外贸企业明知他人意欲骗取国家出口退税款，采取"四自三不见"，使不法分子利用其资质骗取国家出口退税款的，就会被认定为骗取出口退税罪的共犯；如果没有证据证明外贸企业主观上明知他人有骗取出口退税的故意，虽不认定为犯罪行为，但也面临着被追缴退税款、停止出口退税权甚至处以罚款的行政处罚。本身这类企业在整个环节中收费很低，退税款大部分被其他环节拿走，即使未被认定为犯罪行为，被追缴退税款对于企业来说也是灭顶之灾。

2.外贸企业"四自三不见"是国家明令禁止的行为，也是税务稽查重点，因此外贸企业在进行代理出口业务时，要加强对货源、生产商和外商的资质进行认真审查，主要有：严格审核委托代办退税的生产企业生产经营情况、生产能力及出口业务的真实性，对于特殊企业审核时要注意对有关核查情况应有完备记录和留存相关资料；严格审核贸易真实性，如出口货物与报关单信息是否一致，与生产企业生产能力是否匹配，是否有相应的物流凭证和出口收入凭证等。

第三节　企业涉税犯罪的风险分析及防控

企业的税务风险贯穿于企业成立之时直至终止之日，尤其是在当前"大数据治税"和多部门联合办案的大环境下，税务机关掌握企业涉税信息更加快捷、透明、准确，打击更精准和高效，企业涉税风险也更加突显。一旦违反税务管理规定，会给企业带来诸多后果——轻则会给企业造成财务损失，重则会使企业及其相关人员受到行政和刑事制裁。

一、企业涉税犯罪风险分析

（一）风险点

按照税务办理流程，企业涉税风险点主要有如下四点：

1.违反税务管理和发票管理的风险。如未按期申报办理变更、注销税务登记；未按规定保管账簿、记账凭证；未按规定提供相关银行账号；未按规定开具发票和未按规定取得发票；等等。

2.违反纳税义务的风险。如账外经营不如实申报收入；伪造账簿，对内对外两套账簿；编造虚假计税依据虚列成本；等等。

3.不履行配合税务机关检查、处理等义务的风险。如拒绝提供会计账簿和凭证；阻挠税务机关复制案件有关材料；转移销毁有关材料；对税务机关的有关处理决定置之不理；故意转移财产逃避纳税义务；等等。

4.被欺骗而导致的风险。如接受不合格的增值税专用发票，即使能够证明企业没有违法犯罪的主观故意，属于善意取得虚开的增值税专用发票的，进项税也不能抵扣，已经抵扣的要补缴税款，给企业带来重大损失；被欺骗而办理了出口退税业务；等等。

（二）成因

造成上述风险的原因主要有以下三个方面：

1.企业经营者的风险意识不强，企业经营者的主要目的是追逐利润，在经营过程中往往忽视依法纳税，即使面对涉税风险明确提示，也心存侥幸迟迟不采取有效措施，如财政部对医药会计信息质量大检查的同时，各地税务机关也对医药行业开展了专项检查；国家税务总局针对文娱行业发布了《加强文娱领域从业人员税收管理》的通知，加大了对文娱领域逃税的查处力度，但依然出现了大量的违法违规案例。

2.企业内部管理制度不完善，如企业会计做账不完善，大量使用现金交易等，面对金税四期的上线，企业要加快建立和完善内部管理合规制度。

3.企业与税务机关沟通不及时、不充分。不同地区不同阶段和行业的税收政策往往会出现新的变化，如果不了解最新动态往往就会受到影响。

二、防控建议

（一）牢固树立税务风险意识

风险无处不在、无时不有，企业管理人员要提高认识，税务一旦出现问题，不仅仅是财务人员的责任，更是企业以及企业负责人的责任。分清合法节税和逃税的界限，要在基础事实上设计税务方案，而不能脱离民商事法律进行数字上的税务筹划。

（二）建立健全企业内部管理制度

企业的税务事项涉及的人员、部门、流程是非常广泛的，因此有必要建立一套完整、健全的税务风险管理制度。

1.业务部门加强信息审核和信息留痕，尽量选择资信较好、实力较强的客户和供应商，保证业务和发票的真实性和合法性。

2.财务部门加强财务合规，保留购销合同、尽量采用银行转账方式支付货款、完善记账、出（入）库单、运输费用票据等，一旦交易有问题，企业能够提出完整清晰的证明材料，从而证明物流、资金流和发票流的真实性。

3.要随时关注相关领域的税务政策和信息，严格依法办理税务，保证税务的合规性。如外贸企业要注意参照退税部门的出口退税预警监控系统，建立外贸企业的出口退税预警监控系统，以便及时发现业务疑点，把出口骗税风险消灭在萌芽阶段。

（三）加强与税务机关的联系和沟通

一是及时了解新的税收法规政策的变化，并正确理解；二是对感觉吃不准、不踏实的业务，多向税务部门咨询；三是对于税务机关的处理决定有异议的，要及时沟通，不要拒不执行，也不要置之不理。

第三章　涉贷犯罪 ≪

第一节　法律背景分析

由于融资渠道不畅，一些中小企业为了从金融机构获得资金支持，不得已制作虚假证明材料获得贷款，这样不仅存在还不上钱的民事问题，还面临着涉嫌贷款诈骗、高利转贷、骗取贷款等刑事法律风险。在中小企业抵御市场风险能力相对较低的现状下，这类犯罪不仅会使企业濒临消亡，危害银行利益，扰乱国家金融秩序，更会严重恶化社会信用环境，使中小企业"借钱"更难。因此，企业一定要正视此类法律风险，防患于未然。

一、涉贷犯罪法律沿革

在改革开放前的金融环境下，涉贷款类犯罪案件并不频繁。到20世纪90年代以后，市场经济的稳步前进致使金融犯罪日益增多，国家仅靠传统的诈骗罪很难有效评价各种形式的贷款诈骗行为。自1994年，针对包括贷款诈骗犯罪在内的金融犯罪开始成为国家严厉打击的对象，1995年《关于惩治破坏金融秩序犯罪的决定》加设了相关金融诈骗罪的罪名，将贷款诈骗罪设立为独立的犯罪。随着金融市场的开放，国家加大了对金融领域犯罪的打击力度，1997年《刑法》将金融犯罪从传统的犯罪中分离出来，贷款诈骗罪成为《刑法》第三章金融诈骗罪中八个罪名之一。可以看出，贷款诈骗罪是市场经济的产物，是诈骗罪的特殊形态。

而1995年并未规定高利转贷罪，直到1997年，高利转贷罪才与贷款诈骗罪一同被写入《刑法》。由于《刑法》进一步划分了贷款犯罪与相关贷款经济纠纷，将贷款欺诈犯罪划分为以占有为目的的贷款诈骗罪和以转贷牟利为目的的高利转贷罪，表现出对金融秩序维护的加强。但在当时这两个罪名在实践中常常难以得到有效证明，其他滥用贷款行为刑法无法评价，只能按照贷款纠纷处理。为了顺应理论和实践的要求，2006年《刑法修正案（六）》对刑法作出修正，制定了骗取贷款、承兑汇票、金融票证罪，以及时弥补立法漏洞，有效降低金融机构贷款不良率。

二、涉贷案件高发态势

近年来，我国宏观经济的下行压力较大，加之新冠肺炎疫情突如其来，中美贸易冲突进一步加剧，国际形势愈加严峻，全球产业链面临前所未有的挑战。部分企业一直处于借新还旧的状态，对于银行来说，无论是不良贷款余额，还是不良贷款率，仍然有上升的趋势，债权市场违约的现象仍时有发生。基于这一现象，大部分银行为有效控制风险，便开始降低贷款额度，侧重为有保障的企业贷款，资金开始出现集中现象，这对于部分中小企业和信誉较差的企业来说，其融资将面临较大困难。但资金是每个企业在成立、发展和壮大的过程中必然有需求。目前，企业通过借贷获取资金的途径主要有两种：一种是从银行或者金融机构借款，形成金融贷款；另一种是从除银行或者金融机构之外的其他机构或者个人借款，形成民间借贷。因为上述两个融资渠道在实践中的不畅通、不容易，所以引发了大量的刑事案件，在金融借贷领域，贷款诈骗罪、骗取贷款罪，变得越发常见。根据裁判文书网检索，2015年之前每年相关案件不超过400件，而2020年一年就有917件贷款诈骗罪相关案由的刑事裁判文书，犯罪呈现高发态势。

通过对涉贷犯罪案件进行研究发现，犯罪主体呈现多元化，一般涉及三方主体。一方是申贷方，因为企业融资难问题客观存在，为了获取贷款，往往存在粉饰报表、夸大还款能力、欺骗担保方的行为；一方是放贷方，银行现行的放贷标准较高，信贷人员为了追求个人业绩或者私利，存在违规操作行为；还有一方就是担保方，担保企业为了获取利益，往往有串通申贷方欺骗银行的行为，涉嫌共同犯罪。其中涉及的利益错综复杂，处理涉贷领域的问题，最根本的就是利益的博弈与平衡。实践中银行放贷有指标、有任务，贷款时操作上不会如银行贷款规程所规定的一样规范，借款人所提供的材料往往存在虚假成分，一旦不能如期归还，这些存在虚假成分的材料则将成为骗取贷款的"罪状"。实践中，"借用他人名义"贷款、"虚构资金用途"、"改变资金用途"、提供"虚假财务报表"等均有被法院判决为骗取贷款罪的案例，甚至足额抵押担保的贷款、已经清偿完毕的贷款也有以骗取贷款罪定罪处罚的。而向银行等金融机构贷款又主要是实体企业，如果处理不当，不但对受罚的企业家不公平，还会对企业家投资经营的积极性产生严重冲击。

三、"两高"对涉贷犯罪态度

为缓解银行与企业间的矛盾，促进经济发展，最高人民法院、最高人民检察院先后通过纪要、意见等多种形式限定入罪条件，《全国法院审理金融犯罪案件工作座谈会纪要》要求，严格区分贷款诈骗与贷款纠纷的界限。对于合法取得贷款后，没有按规定的用途使用贷款，到期没有归还贷款的，不能以贷款诈骗罪定罪处罚；对于确有证据证明行为人不具有非法占有的目的，因不具备贷款的条件而采取了欺骗手段获取贷款，案发时有能力履行还贷义务，或者案发时不能归还贷款是因为意志以外的原因，如因经营不善、被骗、市场风险等，不应以贷款诈骗罪定罪处罚。《关于充分发挥检察职能服务保障"六稳""六保"的意见》中规定，对于借款人因生产经营需要，在贷款过程中虽有违规行为，但未造成实际损失的，一般不作为犯罪处理。对于借款人采取欺骗手段获取贷款，虽给银行造成损失，但证据不足以认定借款人有非法占有目的的，不能以贷款诈骗罪定性处理。

可以看出，在企业涉贷类犯罪高发态势下，由此产生涉贷背景下的职务认定、责任承担及担保合同效力问题存在巨大争议，司法机关也一直是保护和打击双重发力，维护国家金融秩序稳定。那么企业在融资活动中，应该如何规避法律风险，更合规、更安全地撬动资金呢？下文以涉贷犯罪的典型案例为切入点，结合具体法律规定，分析企业融资过程中可能面临的刑事法律风险，提出企业合规建议。

第二节　涉贷犯罪的罪名与处置

一、贷款诈骗罪

（一）罪名解析

贷款诈骗罪，主要惩处的是以非法占有为目的，诈骗银行或者其他金融机构的贷款，数额较大的行为。如果存在编造引进资金项目等虚假理由、使用虚假的经济合同、使用虚假的证明文件、使用虚假的产权证明作担保或者超出抵押物价值重复担保等行为从银行获取贷款，就有可能构成骗取贷款罪。尤其应当注意的是，单位不能构成贷款诈骗罪。贷款诈骗罪的刑事立案追诉标准为五万元，数额巨大、数额特别巨大，根据各省的解释而有所不同。

（二）典型案例——提供足额担保且因客观原因不能还款无罪[①]

1998年，财政部以中国政府名义向世界银行贷款，用于某河流域农业资源开发项目，该贷款系由省、州、市三级政府层层承贷并担保偿还，再转贷给最终用户。其间，胡某某在某村承包了300余亩果园和荒山用于种植石榴。胡某某为获取贷款，虚构承包方和监理方，伪

---

①案例来源于中国裁判文书网。

造了项目承包合同书、验收证书及收款、支付工程款凭证，向市财政局申请扶持贷款40万元，市财政局在得到世界银行贷款后，于2000年12月21日向其拨付款项10万元。胡某某获取贷款后，将其中8.9万余元用于归还其公司之前因果园投入在银行的借款，另外1万余元用于支付果园工人的工资。至案发前归还市财政局2000元。最终，法院撤销二审刑事裁定和一审刑事判决，认定胡某某无罪。

（三）案例评析

通过分析可以看出，胡某某主要无罪理由可以归纳为其在贷款过程中提供了足额的担保，且其是因客观原因不能按时归还贷款，已作出合理解释，并非拒不归还贷款。与胡某某签订贷款协议的机构不能成为本罪的犯罪对象。

建议企业在开展相关业务时，要有完善的所有权证书和开发许可证书。在贷款后绝不能有逃跑，肆意挥霍，进行违法犯罪活动，抽逃、转移资金，隐匿财产，隐匿、销毁账目，或者搞假破产、假倒闭以及其他非法占有资金的行为。同时贷款资金一定要投入企业经营，即使不能按时还款，在有关部门对贷款进行催收后，也要及时向相关部门提交报告，对未能及时还贷的原因进行说明，申请宽延还贷时间，来证明是客观原因不能归还，并非拒不归还贷款。

此外，从本案看，胡某某虽然虚构了部分虚假证明文件，但其证明文件系按照相关部门的规定格式提供。其申报项目真实存在，发放贷款的部门在其申报前对其项目进行了实地考察、勘测、评估，且对其项目予以了认可。无论各申报人提供的申报材料真实性如何，均是以政府的名义在进行，申报人仅是配合、协助，所争取到的贷款必须重新进行最终用户向财政部门担保贷款的程序。

司法实践中，认定行为人是否具有非法占有目的，比较复杂，有时两者之间很难区分，此时应当坚持主客观相一致原则，根据案件的具体情况，综合多方面因素作出判断。一般而言，非法占有具有很强的主观性，很难通过客观事实直接证明，但行为人获取贷款后的用款方式、有无擅自改变贷款用途的行为可以在一定程度上反映行为人的主观状态。从贷款的目的和用途看，若主要目的是为了用于个人挥霍，或者用于偿还个人债务，或者用于单位或个人拆东墙补西墙，或者骗取的贷款是用于风险很高的经营活动，则很有可能被定性为贷款诈骗。

二、骗取贷款、票据承兑、金融票证罪

（一）罪名解析

骗取贷款、票据承兑、金融票证罪，主要是指以欺骗手段取得银行或者其他金融机构贷款、票据承兑、信用证、保函等，给银行或者其他金融机构造成重大损失的行为。如果是单位犯罪，则对单位判处罚金，并对其直接负责的主管人员和其他直接责任人员也进行处罚。只要给银行或其他金融机构造成直接经济损失数额达到五十万元以上就会被立案追诉。

（二）典型案例——属于民事纠纷的贷款行为不构成为骗取贷款罪①

本案是本所律师代理的典型案件，经过一审、二审、重审一审、

---

① 案例来源于本所律师实际办理案件。

重审二审，最终法院采纳了辩护人的意见，认定顾某不构成骗取贷款罪，降低了四年刑期，有效保障了顾某的权益。2011年7月19日，顾某实控的G公司向N银行L支行贷款5500万元，2011年9月21日，顾某实控的Z公司分两笔向N银行Y支行贷款9800万元。虽然顾某公司在申请贷款过程中使用了虚假的钢材销售合同、自动售货机销售合同，但以上贷款均提供了担保。贷款到期后，顾某实控的两家公司均没有偿还贷款，N银行向法院提起民事诉讼，并进行了财产的保全查封，最终判定顾某实控的公司和担保公司承担连带还款责任。N银行也从未就顾某实控公司贷款事项向公安机关报案。最终法院认定顾某不构成骗取贷款罪。

（三）案例评析

顾某以欺骗手段获取银行贷款，但提供了足额担保，通过民事诉讼已保障了银行的权益，也不具备其他严重情节，认定顾某犯骗取贷款罪定罪不当。

骗取贷款罪的法益是银行等金融机构的信贷资金安全，如果没有给银行等金融机构造成损失，自然不会危及银行等金融机构的信贷资金安全。值得注意的是，2022年，最高人民检察院、公安部制定的《关于公安机关管辖的刑事案件立案追诉标准的规定》第22条明确，以欺骗手段取得贷款等给银行或其他金融机构造成直接经济损失数额在50万元以上的，或者虽未达到上述数额标准，但多次以欺骗手段取得贷款的，以及其他给金融机构造成重大损失或者有其他严重情节的情形，应予立案追诉。

建议企业在银行申请贷款时，一定要在银行工作人员的帮助下进行，即使材料有不完善或者虚假的情况，也一定要向银行如实告知。如果贷款是贷新换旧的性质，一定要在双方协商的情况下实施，由银行安排具体工作及控制资金走向，来证明银行对于再次贷款的起因、过程、涉案款资金流向都是非常清楚的，没有欺骗。当然最重要的一个要素，是要给银行提供足额担保。

本罪与贷款诈骗罪是两个不同的独立的罪。本条所规定的骗取贷款罪，在构成要件上与贷款诈骗罪有很大的区别，构成本罪不要求以"非法占有为目的"，导致这类犯罪入罪门槛很低，要引起足够重视，保持与银行等金融机构的积极沟通。

三、高利转贷罪

（一）罪名解析

高利转贷罪，是指以转贷牟利为目的，套取金融机构信贷资金高利转贷他人，违法所得数额较大的行为。单位犯前款罪的，对单位判处罚金，对其直接负责的主管人员和其他直接责任人员，也会判处三年以下有期徒刑或者拘役。如果高利转贷违法所得数额在50万元以上就会被立案追诉。

（二）典型案例——没有转贷牟利的正常贷款不认定为高利转贷罪①

2010年8月，吴某由担保公司担保与省银行签订2000万元担保贷款合同，而实际到账贷款金额人民币1000万元，因为S公司、T公司、

---

① 案例来源于中国裁判文书网。

D公司与H公司签订玉米购销合同，提供标的物权属证明，并经担保公司实际监管确认后，银行将1000万元贷款直接汇入S公司、T公司、D公司用于H公司购销玉米。在履行合同过程中H公司与S公司、T公司因玉米质量问题经协商自愿解除合同，购粮款共计600万元由S公司、T公司原路返回，H公司实际使用担保贷款400万元。因为H公司与D公司的合同继续履行，购粮款400万元仍在D公司账户。H公司另外使用银行二笔担保贷款共计600万元，H公司实际使用银行贷款总和还是1000万元，偿还70万元，贷款余额为930万元。D公司账户上400万元的购买玉米款，吴某因刘某购买一块土地，以年利4分、借期一年转贷给刘某，并向公安机关提供一份刘某给其出具借据的复印件。经查实际购买陈某某地的人并非刘某而是吴某，买地一事与刘某无关。最终法院认定吴某不构成高利转贷罪。

（三）案例评析

高利转贷罪为故意犯罪，要求行为人取得贷款时主观上具有转贷牟利的目的。由于本罪是发生在贷款业务中，因而无论是套取金融机构信贷资金的行为，还是高利转贷他人的行为，均只能由行为人故意所为，而不可能是过失所为。尤其本罪要求行为人具有牟利目的，故该罪不可能由过失构成。从目前司法实务及立法者的意图来看，本罪的侧重点并不是要单纯地制裁取得贷款的行为，而是制裁转贷行为，因此本罪的考察重点应当放到行为人的转贷行为上。

根据相关法律和司法解释，行为人转贷给他人的资金必须是金融机构的信贷资金。如果行为人只是将自己的剩余资金借贷给他人，不构成犯罪。这里所说的"高利转贷他人"，是指行为人以比金融机构贷款利率高出许多的利率将套取的金融机构的信贷资金转贷他人，从中获取不法利益。值得注意的是，虽然根据《中国人民银行贷款通则》，信贷资金与担保贷款属于平行的概念，信贷资金不包括担保贷款，但在刑事裁判文书中均进行了实质解释，认为本罪中的"信用资金"包括担保贷款。如果无息转借给他人，也不构成本罪。

本案中，吴某在金融机构担保贷款完全是按照担保贷款的正常程序办理，手续完备，按照贷款的用途使用贷款，没有套取金融机构信贷资金高利转贷他人，牟取非法利益。因此最终法院没有认定吴某构成高利转贷罪。

建议企业取得银行的贷款务必要手续齐全，无虚假或违规情况，贷款由银行直接汇至交易相对方账户用于支付转让款/货款，贷款使用也要符合合同约定。

四、违法发放贷款罪

（一）罪名解析

违法发放贷款罪，是指银行或者其他金融机构的工作人员违反国家规定发放贷款，数额巨大或者造成重大损失的行为。如果银行或者其他金融机构的工作人员违反国家规定，向关系人发放贷款的，还会被从重处罚。单位犯前两款罪的，对单位判处罚金，对其直接负责的主管人员和其他直接责任人员也会定罪处罚。而关系人的范围，主要依照《商业银行法》和有关金融法规确定。

（二）典型案例——违规发放贷款，即便贷款全部收回也构成违法发放贷款罪①

刘某某为某银行支行客户经理，2014年5月19日，胡某使用伪造虚假的工商营业执照、税务登记证、供销协议、交易明细等材料，以经营啤酒为名，由张某为借款人，向银行申请贷款110万元。

刘某某作为客户经理是这笔业务的经办人，在这笔业务中，刘某某没有认真审核贷款资料，致使该支行将110万元贷款发放给胡某等人。该笔贷款已经于2015年11月全部还清，未给银行造成损失。最终法院认定刘某某犯违法发放贷款罪，免予刑事处罚。

（三）案例评析

刘某某作为银行工作人员，在经办发放贷款业务时，不认真审查贷款资料，违反国家规定发放贷款110万元，数额巨大，事实清楚，证据确实、充分，指控罪名成立，已构成违法发放贷款罪。

本案之所以最后定罪免刑，是因为刘某某是初犯，案发后主动投案，如实供述了自己的犯罪事实，被认定为自首，且本案所涉贷款本金及利息已经偿还，未给金融单位造成损失，加之刘某某所从事的工作是发放贷款流程中的一个环节，造成贷款的违法发放是由多种原因造成，系多因一果。因此法院最后认定刘某某的犯罪情节轻微，可依法对其免除处罚。但刘某某还是有了犯罪的案底，对自己的前途产生了严重影响。

关于发放贷款，《商业银行法》规定，商业银行贷款，应当对

①案例来源于中国裁判文书网。

借款人的借款用途、偿还能力、还款方式等情况进行严格审查。商业银行贷款，应当实行审贷分离、分级审批的制度。商业银行贷款，借款人应当提供担保。商业银行应当对保证人的偿还能力，抵押物、质权的权属和价值以及实现抵押权、质权的可行性进行严格审查。经商业银行审查、评估，确认借款人资信良好，确能偿还贷款的，可以不提供担保。商业银行贷款，应当与借款人订立书面合同。合同应当约定贷款种类、借款用途、金额、利率、还款期限、还款方式、违约责任和双方认为需要约定的其他事项。如果行为人违反国家规定发放贷款，如不严格审查借款人的借款目的，是否存在真实交易，是否具有偿还能力，及保证人的偿还能力、抵押物的权属，实现抵押权、质权的可行性等，就属于违反国家规定发放贷款。

根据《商业银行法》的规定，"关系人"是指：1.商业银行的董事、监事、管理人员、信贷业务人员及其近亲属。2.前项所列人员投资或者担任高级管理职务的公司、企业和其他经济组织。总体上，只要是向关系人提供信用贷款，或者在向关系人提供担保贷款时采用了比普通贷款人更为优惠的条件，如要求关系人提供担保的数额低于对其他人要求的数额，或者对关系人发放的担保贷款所收取的利率比其他借款人低，贷款期限比其他借款人长等，都属于"违反国家规定，向关系人发放贷款"。

五、套路贷——诈骗罪

（一）罪名解析

诈骗罪，是指诈骗公私财物，数额较大的行为。"套路贷"则是以非法占有为目的，假借民间借贷之名，通过"虚增债务""制造资金走账流水""肆意认定违约""转单平账""虚假诉讼"等手段，达到非法占有他人财产的目的。在这个过程中，行为人也可能会构成敲诈勒索、非法拘禁、虚假诉讼、寻衅滋事、强迫交易、抢劫、绑架等多种犯罪行为，这都需要根据具体案件事实，区分不同情况，依照刑法及有关司法解释的规定数罪并罚或者择一重处。

（二）典型案例——未采取明显暴力或威胁手段骗取被害人财物的诈骗行为应定诈骗罪[①]

2014年，高某注册成立J公司，从事民间放贷金融服务。因自身资金不足，在2017年6月份，高某与欧某某达成口头约定，由欧某某为高某公司提供资金，每月赚取3分的利息。同年7月初起，高某先后纠集多人，打着民间放贷的幌子，对借款人实施诈骗、敲诈勒索等行为。

高某作为公司法人，在该犯罪团伙中负责全面管理和幕后指挥；高某甲系高某的弟弟，负责安排人员对借款人实施敲诈勒索、起诉及处理借款人投诉、报警等善后事宜；谭某某负责公司的财务，负责管理账目和签订合同；范某某、李某某、万某某、王某某等人任公司业务员，负责在社会上寻找借款人，尤其是找一些贷款信用差、房产已多处作抵押及急需现金的借款人。

该团伙在实施诈骗过程中，范某某、李某某、万某某、王某某等业务员会先后到借款人家里考察房产，然后到公证处进行房产公证，

[①] 案例来源于中国裁判文书网。

由此骗得借款人的信任，让借款人相信其公司有很大的放贷诚意。高某得知借款人上钩后，随即安排谭某某假扮成出资方与借款人签订空白借款合同、承诺函、提前还款协议等。

同时，为了后续的虚假诉讼，谭某某在其他同伙的配合下，通过交替转账的方式，给借款人账户转入远高于实际借款额的资金，并写进借款合同上。其后，该团伙成员让借款人将高出实际借款额部分，即时转回给其指定的同伙账户。接着，该团伙成员利用借款人急需现金的心态，以需先交付保证金、利息、手续费给公司做账为借口，诱骗借款人将刚收到的实际借款额中大部分资金取现，并交付给跟单业务员。该业务员收取现金后，会以各种理由支开借款人并偷偷溜回到公司，高某随即将此笔款与参与作案的同伙分赃。

随后数日，高某甲安排业务员打电话给借款人，以各种理由不给借款人放贷。接着，高某甲便安排业务员冒充出资人打电话给借款人，以查询到借款人隐瞒负债为由认定借款人已经违约，要求借款人提前还款，并以法院起诉、查封房产威胁借款人，向借款人勒索虚高过账金额的款项。在多次勒索未果的情况下，高某便告知欧某某称借款人有赖账行为。

欧某某为了能追讨回更多的债务，合伙与高某、谭某某等人以实际未履约的借款合同、虚假证明等资料向法院提起诉讼，试图通过法院判决的方式获得向借款人过账金额的款项。最终法院认定高某犯诈骗罪，判处有期徒刑十年，并处罚金人民币10万元。

（三）案例评析

本案中，高某等人所实施的过账、签订虚假合同、叫客户取现、催款等一系列行为都是为了骗取被害人的钱财，高某从一开始骗取被害人虚假转账到签订虚假合同再到虚假诉讼，都是为了利用法律手段达到其诈骗的目的，虽然在催款过程中有对被害人威胁要到法院起诉并查封房产，但未采用明显的暴力或威胁手段，其行为特征从整体上仍属于以非法占有为目的，虚构事实、隐瞒真相骗取被害人财产的诈骗行为，是出于一个犯罪目的，实施了两种犯罪行为，两个行为之间存在手段与目的的牵连关系，属于牵连犯，应择一重罪即诈骗罪追究刑事责任，至于高某等人在实施诈骗过程中的威胁被害人的情节，则作为量刑情节考虑。

企业涉"套路贷"案件中，无一例外的是民营企业的企业主因为资金困难甚至资金并不困难的情况下，被强迫参与民间借贷，被迫接受苛刻条件，通过强制办理执行公证、利滚利、转条、威逼利诱等各种可能的手段和方法，将受害民营企业和企业家身上的血榨干取尽。太多企业家因此家破人亡、走投无路。但我们认为，面对"套路贷"，我们并非无计可施。只要牢固树立"收款有收据"的意识，就能破解"套路贷"中绝大多数套路。实践中，为了防止被"套路贷"，建议增强以下风险防控意识：

首先，在未经律师审查的情况下，不要参与交易结果过分复杂的民间借贷。因为交易结构越复杂，可能涉及的风险点就越多。确实需要以此种形式进行民间借贷融资的，应聘请专业律师对借贷过程、相关法律文件等内容进行审核，并提出专业法律风险防控意见。

其次，在民间借贷的任何一个阶段，都要牢固树立"收款有收据"的意识，即固定保存相关证据。对于付款后不提供相关收据的要求，应明确予以拒绝或者要求以银行转账的方式实现，并在转账时注明款项的用途。

再次，如果已经被"套路贷"，应首先确保自身的人身安全，避免与"套路贷"的行为人单独接触。对于实施"套路贷"的行为人从事的威胁、勒索、收取高额利息及违约金的行为，应积极向公安机关、律师寻求援助，切勿逞强硬抗。

总之，在融资过程中，尽量选择规范的金融机构进行融资。选择规范的金融机构进行融资，是避免被"套路贷"的有效措施。在选择规范的金融机构进行融资时，应直接与金融机构接洽，避免与各种各样"资本掮客""项目掮客"接触或通过他们向金融机构借款，以此防止在融资中间环节被套路。

第三节　企业涉贷犯罪的风险分析及防控

向金融机构贷款仍然是当前我国企业解决融资问题的主要渠道。但中小企业普遍存在企业信用低、财务管理混乱、固定资产少、经营活动不透明、财务信息不公开等问题，这些恰好与银行对信贷资金安全性、收益性的要求形成强烈的反差，银行在对中小企业进行审查监督时成本明显增加，由此导致银行贷款给中小企业的积极性降低。为了减小自身的风险，银行向中小企业贷款往往设置了更为严苛的标准和程序，以致中小企业向银行贷款的难度大大增加。中小企业为了获得银行贷款资金，在融资过程中可能会不择手段，采用虚假的证明文件等方式骗取银行贷款等，由此而引发上文所述的骗取贷款、票据承兑、金融票证罪、高利转贷罪、贷款诈骗罪的刑事法律风险。

一、企业涉贷犯罪风险分析

如果因为涉贷犯罪被司法机关立案调查，一定要第一时间委托专业的刑事律师进行处理。综合上述对各罪的解析，我们现对涉贷犯罪的风险点综合梳理如下：

（一）贷款诈骗罪一般指控的风险点

1.虽然单位不构成贷款诈骗罪主体，但单位主要负责人是可以成为涉案主体的。

2.贷款未提供足额担保，有可能造成银行或者其他金融机构经济损失。

3.行为人主观上对贷款具有非法占有目的。

（二）骗取贷款罪一般指控的风险点

1.扩大了金融风险，银行遭受了实际损失。

2.贷款企业的行为足以使银行陷入认识错误。

3.担保人也不能足额代偿，会给金融机构造成损失，侵犯了骗取贷款罪所保护的法益。

（三）高利转贷罪一般指控的风险点

1.贷款过程本身具有欺骗性。

2.在受托支付之后，贷款的所有权归属于借款人而非收款人。

3.行为人在转贷后获得了利益。

（四）违法发放贷款罪一般指控的风险点

1.违法发放贷款造成的损失可以确认。

2.银行将"不良资产数额"等同于"违法发放贷款的数额"。

3.非银行或者其他金融机构及其工作人员被认定为银行或者其他金融机构及其工作人员。

一旦企业因经营管理不善导致借款无法按期偿还，企业管理者应当采取积极稳妥的措施予以解决，如可以向资金出借人进行说明与协商，请求给予宽限期，或者先偿还部分本息，以表明自己在主观上没有非法占有资金的目的，而不是采用消极的方式如逃跑、隐匿资金等，这样不仅不利于纠纷的解决，甚至可能被追究相应的刑事责任。

通过以上对银行贷款融资过程中可能引发的刑事法律风险的分析，可以看出要想防范这些刑事法律风险，应当分三个阶段进行，分别是融资前（融资准备阶段）、融资中、融资完成后，并且每个阶段都要有所侧重。

二、防控建议

（一）融资前要制定完备的融资计划

根据企业自身的实际情况，理性选择融资方式。首先，就融资规模而言，应当合理控制融资对象的数量和类型。一般来说，借给企业的钱数越少，影响面就越小，一旦发生纠纷，局面也较容易控制。其次，就贷款利率或融资回报率而言，企业应当依据实际经营状况和还款能力，选择合适的贷款利率或融资回报率，而不要为了过分夸大企业经济实力而向贷款人许诺超出企业承受能力范围的高息作为融资回报，以防止因无法承受高额利息而被套上还款的枷锁。如果选择银行贷款融资，事先应当了解各大银行的信贷政策，选择贷款利率最优惠的银行作为融资对象。然后根据项目的实际情况确定贷款金额，并选择好合适的抵押物，作为借款协议的担保。因为如果企业明知自己没有归还能力而大量骗取资金，以及用于抵押或质押的标的物的价值远远低于贷款本金，企业有可能被认定为具有非法占有贷款的目的，从而面临刑事法律风险。在此基础上，还要制定完备的风险防控方案，风险防控主要落实到两个方面：一是对融资所需材料进行合规性审查，即无论最终选择以何种方式进行融资，都应当安排企业法务人员对融资所需材料，如借款协议等进行法律审核与分析，这样可以有效地避免潜在的法律风险；二是预先制定好危机处理办法，即事先考虑好若投资项目失败，如何归还借款的解决方案，以备不时之需。

（二）融资过程中要提供真实的信息与证明资料

企业在向银行申请贷款或者向其他主体借款时不能有不实陈述、提供虚假资料、编造不存在的贷款用途等做法。如果企业在融资时向资金出借者实施了上述行为，一旦被资金出借者发现，可能会引发相应的刑事法律风险。另外，还要签订规范的借款协议并办理相关手续。企业若需要向他人借款，应当与之签订规范的借款协议，如果需要提供担保，应该按照法律规定办理相关的手续，以免担保被认定无效，进而追究企业的法律责任。

（三）融资成功后要将融资用途限定在企业生产经营方面

依据《最高人民检察院关于充分发挥检察职能服务保障"六稳""六保"的意见》，企业只要将融资所获得的资金用于合法的生产经营活动，即便在贷款过程中有违规行为，但未造成实际损失的，一般不作为犯罪处理。如果贷款对象是相对固定的人员如企业职工或其亲友，那么最多引发民间借贷纠纷，而如果贷款对象是不特定的多数人，只要后果不严重，没有严重影响社会稳定的，就不会按犯罪处理。由此可见，将贷款资金用于企业生产经营，是企业避免融资过程中刑事法律风险的有效途径。同时要有计划地合理使用贷款资金。企业在获得贷款资金后，除了应当按照协议中约定的借款用途利用贷款以外，还需要有计划地使用，不要肆意挥霍贷款以致贷款无法按期偿还，而面临刑事法律风险。

第四章　涉债犯罪 ≪

第一节　法律背景分析

民法上的债一般基于合同、缔约过失、单方允诺、侵权行为、无因管理、不当得利而产生。而刑法上的债则是指涉债犯罪，即涉债纠纷由民事违法上升为刑事犯罪。涉债犯罪主要是针对民间资本的非法流动，以维护国家金融管理秩序，保障国民经济、区域经济的健康、稳定发展为目标做出的刑法规制。

长期以来，我国经济社会保持较快发展，资金需求旺盛，融资难、融资贵问题比较突出，民间投资渠道狭窄的现实困难和民间资本急于寻找较高回报的迫切需求交织共存。民间资本存量大、分散，持有者风险意识低，追求一定限度的固定高息，当资金被企业或个人集聚后，一旦被非法使用，不仅易对金融管理秩序造成冲击，如不能按期还本付息，还会给投资者带来利益损害，进而可能引发群体性事件，对社会秩序造成不良影响。近年来，大批P2P网络借贷公司爆雷，所引发的连锁反应就是涉债犯罪危害性的真实写照。

涉债犯罪频发引起了国家有关部门的高度重视与持续关注，国务院出台了如《关于进一步做好防范和处置非法集资工作的意见》（国发〔2015〕59号）等文件。最高人民法院、最高人民检察院、中国人民银行、财政部等部门亦在采取有效措施，稳慎有序推动民间资本的合理流动，严厉打击涉债犯罪行为，具体表现为：

1.加快民间融资和金融新业态法规制度建设。近年来，银保监会和央行不断推动《非存款类放贷组织条例》的颁行，用以规范民间融资市场主体，拓宽合法融资渠道。同时，设立P2P网络借贷、股权众筹融资等监管规则，促进互联网金融规范发展。深入研究规范投资理财、非融资性担保等民间投融资中介机构的政策措施，及时出台与商事制度改革相配套的有关政策。

2.规范民间投融资发展。鼓励和引导民间投融资健康发展，大幅放宽民间投资市场准入，拓宽民间投融资渠道，完善民间借贷日常信息监测机制，引导民间借贷利率合理化。推进完善社会信用体系，逐步建立完善全国统一、公开、透明的信用信息共享交换平台，营造诚实守信的金融生态环境。

3.继续对涉债犯罪保持高压态势。针对涉债犯罪，相关部门坚持防打结合，打早打小，讲求策略方法，依法、有序、稳妥处置风险。抓住重点领域、重点区域、重大案件，依法持续严厉打击，最大限度追赃挽损，强化跨区域、跨部门协作配合。提升广大人民群众相关法律意识和风险意识，形成买者自负、风险自担的意识，逐步消除涉债犯罪的生存土壤。2021年《刑法修正案（十一）》中针对涉债犯罪所涉罪名进行了修改，2022年初，最高人民法院又再次发布《关于审理非法集资刑事案件具体应用法律若干问题的解释》（以下简称《非法集资解释》）的修改决定，对涉债犯罪中的非法吸收公众存款罪、集资诈骗罪的定罪处罚标准进一步修改完善，表明了国家对于依法惩治非法集资犯罪的态度和决心。

综上，涉债犯罪作为直接关乎百姓经济利益的一类犯罪，是当前以及未来国家持续关注的重点之一，而在经济大潮中摸爬滚打的各类企业，也具有卷入涉债犯罪的现实风险，因此本章将聚焦涉债犯罪的具体罪名、案例，进而对企业涉债犯罪风险进行剖析。

第二节　涉债犯罪的罪名与处置

一、非法吸收公众存款罪

（一）罪名解析

非法吸收公众存款罪，是指非法吸收公众存款或者变相吸收公众存款，扰乱金融秩序的行为。

本罪侵犯的客体，是国家金融管理制度，证券公司、证券交易所、保险公司等金融机构以及任何非金融机构和个人均不得从事吸收公众存款业务。本罪的犯罪对象是公众存款，即存款人是不特定的群体。在客观方面表现为行为人实施了非法吸收公众存款或变相吸收公众存款的行为。本罪的主体既可以是自然人，也可以是单位。在主观方面表现为故意，即行为人必须是明知自己非法吸收公众存款的行为会造成扰乱金融秩序的危害结果，而希望或者放任这种结果发生。

那么究竟什么是"非法吸收公众存款或者变相吸收公众存款"，怎样会构成本罪呢？相关规定对"非吸"行为作出了明确的条件设定，即：1.未经有关部门依法许可或者借用合法经营的形式吸收资金；2.通过网络、媒体、推介会、传单、手机信息等途径向社会公开宣传；3.承诺在一定期限内以货币、实物、股权等方式还本付息或者给付回报；4.向社会公众即社会不特定对象吸收资金。满足上述条件，即是最为典型的"非吸"行为。当单位非法吸收或变相吸收公众存款数额达到100万元以上；受害人对象达到150人以上；单位给存款人造成直接经济损失数额在50万元以上，非吸存款数额达到50万元或存款人直接经济损失数额达到25万元以上，同时具有因非法集资受过刑事追究等情形，均可构成非法吸收公众存款罪。

本罪的处刑为三年以下有期徒刑或者拘役，并处或者单处罚金；数额巨大或者有其他严重情节的，处三年以上十年以下有期徒刑，并处罚金；数额特别巨大或者有其他特别严重情节的，处十年以上有期徒刑，并处罚金。单位犯前款罪的，对单位判处罚金，并对其直接负责的主管人员和其他直接责任人员，依照个人犯罪的规定处罚。值得注意的是，行为人如有前两款行为，在提起公诉前积极退赃退赔，减少损害结果发生的，法律明确规定可以从轻或者减轻处罚，对于吸收存款主要用于正常的生产经营活动，能在提起公诉前清退所吸收的资金，可以免予刑事处罚，情节显著轻微危害不大的，甚至不作为犯罪处理。

（二）典型案例——不具备"非吸"行为四个特征要件的借款行为不构成非法吸收公众存款罪①

W公司系一家经营多年的民营企业。2010年6月至2011年10月间，公司法定代表人吴某某以投资或者经营需要资金周转等为由，通过出具借据或签订借款协议等方式，分别向涂某等十余位借款人借款共计1.5亿余元，其中大多承诺较高利息，部分提供房产抵押或珠宝质押。所借款项主要用于偿还他人的借款本息、支付公司运营支出等。至案发，吴某某和其公司对上述款项尚未完全支付本息，故被公诉机关指控犯非法吸收公众存款罪。

法院认为，首先，从手段上看，吴某某的借款方式为或当面或通过电话，一对一向借款人提出借款，并约定利息和期限，既不存在通过媒体、推介会、传单、手机短信等途径向社会公开宣传的情形，亦无证据显示其要求借款对象为其募集、吸收资金或明知他人将其吸收资金的信息向社会公众扩散而予以放任的情形；其次，从借款对象上看，吴某某的借款对象绝大部分与其有特定的社会关系基础，范围相对固定、封闭，不具有开放性，并非随机选择或者随时可能变化的不特定对象。对于查明的出资中确有部分资金并非亲友自有而系转借而来的情况，但现

---

① 本章案例来源于北大法宝法律数据库。

有证据难以认定吴某某系明知亲友向他人吸收资金而予以放任，此外，其个别亲友转借的对象亦是个别特定对象，而非社会公众；再次，吴某某在向他人借款的过程中，存在并未约定利息或回报的情况，对部分借款还提供了房产、珠宝抵押，故吴某某的上述行为并不符合非法吸收公众存款罪的特征。一审判决W公司和吴某某无罪，公诉机关抗诉后，二审法院驳回抗诉，维持原判。

（三）案例评析

上述案例系最高人民法院发布的依法平等保护民营企业家人身财产安全十大典型案例之一，从该案我们可以看出，在司法实践中，非法吸收公众存款罪的认定须具备本罪的四个特征要件才具有定罪基础，即前述构成"非吸"行为的四个条件，即非法性、公开性、利诱性和社会性。而本案中吴某某及其公司在借款行为中，缺乏上述要件因素，故不构成犯罪。

事实上，司法机关认可民间融资作为企业重要的融资渠道，也明确要严格把握民间融资和非法集资的界限。这就需要我们在民间融资过程中，注意吸收资金的对象必须特定、具体，避免公开宣传，保证融资过程正当、合法。一旦涉嫌犯罪，企业及负责人应当积极筹措资金、处置资产，归还借款人钱款，并聘请专业律师介入，争取司法机关从轻、减轻处罚，研判适用刑事合规程序。

二、集资诈骗罪

（一）罪名解析

集资诈骗罪，是指以非法占有为目的，使用诈骗方法非法集资，数额较大的行为。

本罪侵犯的客体是复杂客体，既侵犯了公私财产所有权，又侵犯了国家金融管理制度。在客观方面表现为行为人采取了虚构事实、隐瞒真相等手段，违反法律规定集资，数额较大。本罪的主体既可以是自然人，也可以是单位。在主观上由故意构成，且以非法占有为目的，即犯罪行为人在主观上具有将非法聚集的资金据为己有的目的。

集资诈骗数额达到10万元即属于本罪规定的"数额较大"，构成集资诈骗罪，处三年以上七年以下有期徒刑，并处罚金。但如果数额达到100万元，或达到50万元以上，且有造成恶劣社会影响等情节，行为人将被升档处罚。

（二）典型案例——"非法占有目的"如何认定

周某系Z公司法定代表人。公司上线运营某投资网络平台，借款人（发标人）在网络平台注册、缴纳会费后，可发布各种招标信息，吸引投资人投资。投资人在网络平台注册成为会员后可参与投标，通过银行汇款、支付宝、财付通等方式将投资款汇至周某公布在网站上的八个其个人账户或第三方支付平台账户。借款人可直接从周某处取得所融资金。项目完成后，借款人返还资金，周某将收益给予投标人。

运行前期，周某通过网络平台为十三个借款人提供总金额约170万余元的融资服务，因部分借款人未能还清借款造成公司亏损。此后，周某除用本人真实身份信息在公司网络平台注册两个会员外，自2011年5月至2013年12月陆续虚构34个借款人，并利用上述虚假身份自行发布大量虚假抵押标、宝石标等，以支付投资人约20%的年化收益率及额外奖励等为诱饵，向社会不特定公众募集资金。所募资金未进入公司账户，全部由周某个人掌控和支配。除部分用于归还投资人到期的本金及收益外，其余主要用于购买房产、高档车辆、首饰等。这些资产绝大部分登记在周某名下或供周某个人使用。2011年5月至案发，周某通过网络平台累计向全国1586名不特定对象非法集资共计10.3亿余元，除支付本金及收益回报6.91亿余元外，尚有3.56亿余元无法归还。案发后，公安机关从周某控制的银行账户内扣押现金1.80亿余元。

法院最终认定周某具有非法占有目的，以集资诈骗罪判处周某有期徒刑十五年，并处罚金人民币五十万元。继续追缴违法所得，返还各集资参与人。

（三）案例评析

本罪的定罪核心在于"非法占有目的"的认定，这也是正确区分非法吸收公众存款罪和集资诈骗罪的关键。对此，应当围绕融资项目真实性、资金去向、归还能力等事实、证据进行综合判断。相关司法解释规定，如果集资后不用于生产经营活动或者用于生产经营活动与筹集资金规模明显不成比例，致使集资款不能返还；肆意挥霍，致使不能返还；携带集资款逃匿；集资款用于违法犯罪活动；抽逃、转移资金，隐匿财产，逃避返还资金；隐匿销毁账目，搞假破产、假倒闭逃避返还资金；拒不交代资金去向，逃避返还资金等会被认定为具有非法占有的目的。

从法院对本案的认定可以看到，周某利用网络借贷平台发布虚假信息，募集资金，但所得资金主要用于借旧还新、个人挥霍，最终导致无法归还所募资金，足以认定周某具有非法占有的目的，构成集资诈骗罪。综上，企业及企业负责人可以按照防范、处置非法吸收公众存款罪来应对集资诈骗罪。当然，涉嫌集资诈骗，因其后果严重、案情复杂、证据多样，更需要专业人士介入。

三、合同诈骗罪

（一）罪名解析

合同诈骗罪，是指以非法占有为目的，在签订、履行合同过程中，骗取对方当事人财物，数额较大的行为，主要表现为以下行为：1.以虚构的单位或者冒用他人名义签订合同的；2.以伪造、变造、作废的票据或者其他虚假的产权证明作担保的；3.没有实际履行能力，以先履行小额合同或者部分履行合同的方法，诱骗对方当事人继续签订和履行合同的；4.收受对方当事人给付的货物、货款、预付款或者担保财产后逃匿的；5.以其他方法骗取对方当事人财物的。

本罪侵犯的客体为复杂客体，即侵犯了合同对方当事人的财产所有权，同时又侵犯了市场秩序。在客观方面表现为在签订、履行合同过程中，虚构事实、隐瞒真相，骗取对方当事人财物，且数额较大的行为。本罪的主体既可以是自然人，又可以是单位。本罪的主观方面只能是故意，并且具有非法占有公私财物的目的。

本罪的处刑为三年以下有期徒刑或者拘役，并处或者单处罚金；数额巨大或者有其他严重情节的，处三年以上十年以下有期徒刑，并处罚金；数额特别巨大或者有其他特别严重情节的，处十年以上有期徒刑或者无期徒刑，并处罚金或者没收财产。

（二）典型案例——合同行为中暗藏的"诈"

2008年7月15日，K公司法定代表人夏某某以该公司的名义与以Z公司名义从事业务的被告人李某某电话约定购买钢材后，夏某某按李某某的要求于同月20日从个人银行卡转账21万余元存入李某某个人银行卡账户，李某某收受货款后逃匿柬埔寨。李某某归案后赔偿全部货款和经济损失费3万元并取得谅解。法院鉴于李某某能如实供述罪行、积极赔偿被害人经济损失并取得谅解的悔罪表现，对其从轻处罚，判处有期徒刑三年，缓刑五年，并处罚金人民币5万元。

（三）案例评析

上述案件是最高人民法院公布的诈骗犯罪典型案例。李某某约购钢材，但在收受对方当事人给付的货款后逃匿，是典型的合同诈骗行为。随着我国市场经济的不断发展，利用签订合同骗取钱财的案件大有愈演愈烈之势，早已成为司法实践的热点问题，也是企业在经营过程中，尤其是签订、履行合同中最需要注意防范的风险。企业在合同签订过程中，务必要仔细审查合同条款，做好合同相对方的尽调工作，既要积极履行合同，又要有效防控风险。毕竟，每一起合同诈骗案对企业的影响都是难以承受的。

四、虚假诉讼罪

（一）罪名解析

虚假诉讼罪，是指以捏造的事实提起民事诉讼，妨害司法秩序或者严重侵害他人合法权益的行为。

本罪侵害的客体是复杂客体，既包括司法机关的正常活动秩序，具体而言，是司法机关正常的民事诉讼活动秩序，也包括他人的财产权等合法权益。在客观方面具体表现为采取伪造证据、虚假陈述等手段，捏造民事法律关系，虚构民事纠纷，进而提起民事诉讼的多种行为。本罪的主体既可以是自然人，也可以是单位。本罪在主观方面表现为故意，一般来说是直接故意，明知自己是用捏造的事实提起诉讼。

从前述概念介绍可知，构成本罪需"妨害司法秩序或者严重侵害他人合法权益"，也就是捏造事实提起民事诉讼，致使法院基于捏造的事实采取财产保全或者行为保全措施；开庭审理，干扰正常司法活动；作出裁判文书、制作财产分配方案等或多次实施捏造事实提起民事诉讼情形。

本罪处刑为三年以下有期徒刑、拘役或者管制，并处或者单处罚金；情节严重的，处三年以上七年以下有期徒刑，并处罚金。单位犯前款罪的，对单位判处罚金，并对其直接负责的主管人员和其他直接责任人员，依照前款的规定处罚。需要注意，有前述行为，但非法占有他人财产或者逃避合法债务，又构成其他犯罪的，应依照处罚较重的规定定罪并从重处罚。

（二）典型案例——"偷鸡不成蚀把米"

2019年，被执行人Z公司为阻却人民法院对其名下房产的强制执行，冒用63名自然人身份，以案外购房人名义，向某法院提出执行异议,致使该院作出部分错误执行异议裁定和执行异议之诉判决。后在关联的执行异议之诉案件审理中,该虚假诉讼行为被人民法院查实。人民法院依法裁定准许对甲公司名下相应房屋继续执行;两级法院对甲公司处以每案100万元,共计6300万元罚款,相关犯罪线索和有关材料移送侦查机关。

（三）案例评析

上述案件系最高人民法院整治虚假诉讼典型案例之一。在本案中,配合法院执行工作本是Z公司的法律义务,为了防止公司房产被执行,虚构执行异议人,提起执行异议之诉,其行为本质是捏造事实的虚假诉讼,因其行为的非法性,最终不仅不能扭转被法院执行的结局,还被处以高额罚款,更有可能面临刑事处罚,可谓"偷鸡不成蚀把米"。近年来,"两高"接连发布《关于防范和制裁虚假诉讼的指导意见》《关于办理虚假诉讼刑事案件适用法律若干问题的解释》《关于审理民间借贷案件适用法律若干问题的规定》等司法文件以及公布相关典型案例,足以表明国家加大了对虚假诉讼、恶意诉讼、无理缠诉行为的惩治力度。企业在经营过程中,既要防止被其他主体以虚假诉讼主张权利,又要杜绝自身采取虚假诉讼手段侵害他人合法权益。必须合法实现债权,及时履行债务。而且,现代法治社会救济途径多样,企业完全可以在依法依规的基础上,维护自身合法权益。

在涉债犯罪中,企业可能涉及的"债之罪"不仅包含前述几种,还包括欺诈发行证券、妨害清算等形式的犯罪行为,每一起涉债犯罪都有其共性和个性特征。企业负责人、主要管理人员在企业经营管理活动中，需加强对这些风险的识别、处置，以避免造成更加严重的后果。

第三节　企业涉债犯罪的风险分析及防控

一、企业涉债犯罪风险分析

（一）企业发展融资困难

企业发展融资困难，尤其是中小企业融资困难，有内因和外因两个层面的因素。内因上，一是缺乏现代经营管理理念，经营风险高。部分企业仍存在着法人治理结构不完善、经营管理能力不强、产品技术含量低、企业抗风险能力弱等问题，缺乏可持续发展能力，而且部分企业负债水平整体偏高，从而使金融机构贷款风险过高。一般而言，部分企业没有中长期目标，经营行为短期化，企业生命周期的短暂和经营的不确定性，一定程度抑制了金融机构的放贷意愿。二是企业的规模和信用水平低下，制约其融资能力。企业融资需要具备品德、能力、资本、担保和经营环境等条件，而大部分企业多采用业主制和合伙制，规模偏小。同时，许多企业内部管理制度特别是财务管理制度不健全，大大降低了自身的信用度，严重削弱了其融资能力。另外，由于社会征信系统建设和信用信息网络系统建设的滞后，信用信息传输渠道不通畅，导致银企双方信息不对称，极大降低了企业的信贷满足率。三是缺少可供担保抵押的财产，融资成本高。由于金融机构对企业固定资产抵押的偏好，一般不愿意接受企业的流动资产抵押。而部分企业的资产结构中固定资产比例小，特别是高科技企业，无形资产占有比较高的比例，缺乏可以作为抵押的不动产，风险大，难以满足金融机构的放贷要求。

外因上，一是金融机构体系存在缺陷。在我国融资格局中，银行贷款在企业融资来源中占有绝对比重，并且由于近年来信贷余额快速增长，而直接融资发展相对缓慢，贷款和直接融资余额的差距越来越大。二是资本市场的缺陷。从直接融资渠道上来看，主要有债券融资和股票融资两种方式。我国企业通过股票市场和债券市场直接融资所占比重较小。从发行债券融资的情况看，国家对企业发行债券筹资的要求十分严格，目前只有少数经营状况好、经济效益佳、信誉良好的国有大型企业能通过债券市场融资。股票市场上，虽然创建了中小企业板市场及创业板市场，但对数量众多的企业来说，上市融资门槛仍然很高。三是信用担保环境在一定程度上影响着企业的融资。信用担保体系的欠缺和不完善在一定程度上影响着企业的融资。尽管我国一些地方在尝试建立企业信用担保体系，但还处于初级阶段。在我国企业信用低下、企业融资的要素不完备时，靠企业自身所具有的信用担保条件，难以顺利完成融资任务。四是政府政策支持力度不够是造成部分企业融资困难的重要原因。政府对部分企业融资支持力度不够。迄今为止，我国还未出台一部完整的有关中小企业的法律，导致各种所有制性质的中小企业在法律设置权利上不平等。目前还是大企业受到政府更多的重视和政策方面的倾斜，中小企业得不到资金上的便利和优惠。

（二）企业人员涉债犯罪意识不强

当今社会，法律已臻完善，企业成立、运营、发展、解散均应在法律的范围内进行。企业管理人员、普通职工的各种行为均在法律的规范之下，对涉债犯罪缺乏基本的了解，无防范意识可能直接导致企业及相关人员涉入此类犯罪。对企业而言，一旦涉罪，可能面临限制或禁止企业从事特定业务活动，停业整顿，破产或吊销营业执照等后果。毫无疑问，对公司、企业最大的威胁其实是利润损失，这既包括经营损失，也包括可能遭遇的巨额罚金。一个企业，如果主要负责人员涉嫌犯罪，企业被按下暂停键、终止键，对外债务、销售渠道、职工稳定、行政监管等问题均会纷沓而来。

二、防控建议

避免企业陷入涉债犯罪的旋涡，国家政策、金融机构确需在刺激资本市场发育，规范民间融资渠道，建立科学的企业信用评级体系和征信系统上做出努力。但具体到企业自身，我们有以下建议：

（一）建立现代企业制度，健全和完善各项管理制度

企业要赢得银行的信任和支持，就必须按照现代企业制度要求，建立健全各项规章制度，强化管理制度，保证财务信息的真实性和合法性，增强诚实信用意识，树立良好的社会形象。同时保护有效资产，提高企业资产质量。

（二）加强合同管理，建立企业预警机制和提高风险管理能力

企业要掌握现代企业管理知识，熟悉本行业发展前景，尤其要加强合同管理，从合同签订到执行以及售后服务等环节均坚持合同条款和法律依据。此外，还需要学习和了解合同以外本行业的习惯性做法，重视对合作方的考察和信用评估，确保信息掌握得充分有效。建立企业预警机制，提高抗风险能力，防止发生意外信用风险。

（三）树立诚实守信意识，杜绝侥幸心理，遵纪守法，公平合法经营

企业不要以少数钻法律空子，利用"公司面纱"蓄意恶意套取资金而一时得逞的企业为榜样，须知这样的结果是不长久的，法律是公正的，即使有漏洞也会完善和补充的，最终一定会刺破"公司面纱"。要真正实现公开公平交易，树立诚实守信的经营意识，从而减少社会和银行对企业的信任危机。

以上，仅是对企业涉债犯罪的概括分析，在企业实际的经营管理过程中，尤其是资本运作面临的种种复杂环境，涉债犯罪可能会有不同的表现形式，这就需要我们的企业负责人、主要管理者，增强风险意识和处置涉债犯罪的能力，将损失减到最小，以保企业发展行稳致远。

第五章　涉众犯罪 ≪

第一节　法律背景分析

与其他章节略有不同，"涉众犯罪"的概念并不常见，但涉众犯罪案件往往具有较高的关注度，比如早年轰动全国的三鹿奶粉案、"8·12"天津滨海新区爆炸事故案等。"涉众犯罪"简单来说就是涉及不特定多数人的犯罪。当前在理论和实践中，对"涉众犯罪"有不同的理解和界定。在理论上，有学者将"涉众犯罪"界定为"因群体性事件所引发的，在与管理当局对抗或对峙的情形下，由不特定多数的行为人所实施的刑法分则特定罪名的规模性共同犯罪行为"[1]，也有学者将其界定为"涉及三名以上行为人或被害人，严重危害社

---

[1] 莫晓宇：《涉众型犯罪研究》，中国人民公安大学出版社，2015年9月第1版，第13页。

会，违反刑法规定，依照刑法应受刑罚处罚的行为"[①]。而在司法实践中所提及的与"涉众犯罪"相关的概念则是2006年公安部在其新闻发布会中提出的"涉众型经济犯罪"的概念，即涉及众多的受害人，特别是涉及众多不特定受害群体的经济犯罪。由此可见，对于"涉众犯罪"的概念，均是站在不同的角度和立场，抑或从群体性事件的角度，抑或从涉及人员的数量，抑或从某一领域被侵害群体的立场加以界定。但由于我们所探讨的基础在于企业，所以首先需要给涉及企业的这类犯罪划定一个概念。对此我们认为，在企业刑事合规和风险防控层面，"涉众犯罪"的界定范围不能过于宽泛，不是所有涉及三人以上的犯罪都与企业有关联；又不能界定过窄，将此类犯罪限于经济类犯罪，抑或限定为被害人"涉众"。因为企业类型多样，涉及行业不同，并非各类企业都仅具有触发经济犯罪的可能。同时，此类犯罪不仅犯罪对象具有广泛性和不特定性，实则在主体上往往也具有"涉众"的特点。因此，从企业刑事风险与合规的角度出发，"涉众犯罪"可界定为：在企业生产、经营、管理中涉及犯罪主体众多或危害不特定多数人合法权益，易造成群体性负面影响和社会危害的犯罪行为。基于此，这里的"涉众犯罪"不仅包括了"涉众型经济犯罪"，还包括其他涉及不特定多数人生命权、健康权、民主权、财产权等多方面权益的犯罪。

为什么有必要在企业刑事合规中专设章节谈"涉众犯罪"呢？我们以"涉众犯罪"中"重大责任事故罪"为关键词在中国裁判文书网

---

①李大欣：《涉众型犯罪探析》，《潍坊学院学报》2009年第3期。

上进行检索发现，仅2015年以来，涉及重大责任事故罪的一审案件就达9000余件，平均每年超千件，2019年高达1712件之多。虽然这个数字与企业的数量相比比例不大，但这类案件对企业的打击十分沉重。每一个案件背后都涉及重大的人身、财产损失，企业可能蒸蒸日上时一夜陨落，因此，从企业刑事风险防范和安全保障的角度出发，了解"涉众犯罪"十分必要。

1.从法律规定看，虽然我国没有专门规范"涉众犯罪"的法律法规，但近年来我国陆续修订、出台了面向保护不特定人群权益的法律、法规、相关解释、意见。比如为了保障公民食品和用药安全，分别于2019年和2021年修订了《药品管理法》和《食品安全法》；为了保障公民个人信息安全于2021年出台了《个人信息保护法》；出于对公共环境的保护，于2020年修订了《固体废物污染环境防治法》，2021年出台了《长江保护法》等。如果说这些都是在行政管理层面所反映的对"涉众"行为的规范，那么2021年3月正式施行的《刑法修正案（十一）》则充分体现了刑法在"涉众犯罪"方面的关注度和打击力度。整个修正案共48条，而可能关系到企业涉众犯罪的条文达到十余个，其中增设了"组织他人违章冒险作业罪""危险作业罪"，修改了"生产、销售假药、劣药罪""非法吸收公众存款罪""集资诈骗罪""妨害传染病防治罪""污染环境罪"等。纵观相关条文的增设和修改，能够反映出以下几方面特点：

（1）主体、对象范围扩大，打击面增加。

以"妨害传染病防治罪"为例，本次修正案规定，除甲类传染病外，引起"依法确定采取甲类传染病预防、防控措施的传染病"传播或有传播严重危险的，也构成本罪，同时，"出售、运输疫区中被传染病病原体污染或者可能被传染病病原体污染的物品，未进行消毒处理的""拒绝按照疾病疫情预防控制机构提出的卫生要求，对传染病病原体污染的场所、物品进行消毒处理的"情形也在本罪处罚范围内，由此可见，不仅扩大了本罪妨害的对象范围，还增加了对污染物的管控范围。

（2）打击环节前置，入罪门槛降低。

如本次修正案增设的"危险作业罪"，即是将生产作业中未实际造成严重后果的现实危险划入犯罪范畴，刑事手段向前延伸，以防患于未然。而从生产、销售、提供假药罪中取消了"足以危害人体健康"的入罪条件这一变动可见，刑法对于相关罪名的入罪门槛有明显降低的趋势。

（3）系统性调整了量刑档，增加了刑罚处罚力度。

在刑罚的系统性上，以《刑法》第134条规定的"重大责任事故罪"以及下设的"强令、组织他人违章冒险作业罪""危险作业罪"为例，修正案对于本组的三个罪名在保留原有的重大责任事故罪量刑档基础上，对危害程度相对较弱的"危险作业罪"，设定了"一年以下有期徒刑、拘役、管制"的刑期范围；而对于行为人主观恶性更为严重的"强令他人违章冒险作业和明知存在重大事故隐患而不排除，仍冒险组织作业"的行为则分别设置了"五年以下有期徒刑、拘役"和"五年以上有期徒刑"的更为严厉的量刑档。这意味着，触犯该组罪名，根据不同的罪过程度，刑罚有别，单罪最高可被判处十五年有期徒刑。另从处罚力度看，修改案不仅提高了部分罪名的主刑，如"污染环境罪"，还对附加刑做出了明显调整，如"生产、销售、提供劣药罪"就取消了单处罚金及罚金的数额限制，改为无上限罚金，意味着触犯本罪或面临高昂的罚金处罚，这些变化都无形中增加了犯罪的成本。

由此可见，我国正在法律层面上不断完善和规范对触及公众利益的违法犯罪行为的打击体系，企业的安全运行必然需要规避上述法律风险，因此，这是法律规制对企业防范涉众犯罪的要求。

2.从现实危害看，无论是前述列举的轰动全国的大要案，抑或近几年在金融业内频繁暴雷的非法吸收公众存款案件，无一不是企业在涉众犯罪上付出的血的代价。基于"涉众犯罪""众"的特点，此类犯罪牵涉面广，一旦案发，或造成众多人员的损害，造成重大经济损失，企业面临高额的民事赔偿，同时引发群体性事件，给地方政府的管理和经济带来冲击，企业陷入生存发展的危机；或犯罪主体涉众，一旦涉刑事犯罪，牵扯企业人员众多，从管理层到实操人员均身陷囹圄，同样给企业造成致命性的打击，同时还会引发连锁反应，造成企业人员失业，给社会增加不稳定因素。因此这是现实风险、企业发展和社会稳定对企业防范"涉众犯罪"的要求。

综上，"涉众犯罪"作为企业重大的刑事风险，具有在企业刑事合规框架下进行阐述的充分理由和必要性。另鉴于"涉众型经济犯罪"与本书其他章节存在交叉，为避免重复，本章将选取对企业而言较为普遍的涉及安全生产、合法经营、公益保护、企业管理四个方面的典型罪名进行解析，并结合相关案例，深入挖掘企业中存在的风险，进而有针对性地提出防控措施。

第二节　涉众犯罪的罪名与处置

一、重大责任事故罪

（一）罪名解析

重大责任事故罪，是指对生产、作业负有组织、指挥或者管理职责的负责人、管理人员、实际控制人、投资人等人员以及直接从事生产、作业的人员，在生产、作业中违反有关安全管理的规定，因而发生重大伤亡事故或造成其他严重后果的行为。

在这里，行为人需对危害后果持有过失的心态，也就是主观上应当预见危害后果而没有预见，或虽然预见，但轻信可以避免，至于对违反"有关安全管理规定"持何种心态并不直接影响案件的定性，但如果主观上行为人是基于故意，则根据行为性质、后果等不同构成其他犯罪，如爆炸罪、以危险方法危害公共安全罪等。关于具体有何种行为构成本罪，由于在实践中生产、作业的复杂性以及有关安全管理规定的标准不同，具体行为无法一一明确，但可以说只要是实施了国家制定的相关的法律规定、主管部门的规章制度以及行业规定等操作规范中明令禁止的内容均可能符合本罪对客观行为方面的要求。

当然，并非违反法律规定的行为即构成犯罪，还需行为导致重大伤亡事故或其他严重后果。那么什么情况能达到这个标准呢？根据《关于办理危害生产安全刑事案件适用法律若干问题的解释》规定，造成死亡一人以上，或者重伤三人以上的；造成直接经济损失一百万元以上的；其他造成严重后果或重大安全事故的情形，"发生重大伤亡事故或者造成其他严重后果"，行为人的行为同时符合相关要件和标准即构成相应的罪名。如果造成死亡三人以上或者重伤十人以上，负事故主要责任；造成直接经济损失五百万元以上，负事故主要责任以及其他造成特别严重后果、情节特别恶劣或者后果特别严重的情形则属"情节特别恶劣"，需升档量刑。

（二）典型案例——行为人在事故发生时已离职不必然阻却其承担事故责任，构成犯罪[①]

A公司是一家储运公司，2011年起从另一公司处租赁了五个仓库储存货物。

被告人李某系A公司总经理，负责公司全面工作；被告人陈某某系副总经理，分管安全监管部及市场营销中心；被告人王某、姚某系安监部经理，负责公司的安全监督检查，由于工作调整，被告人王某在事发前不久调离安监部，由被告人姚某继任安监部经理；被告人李某甲系仓配一体化中心总监；被告人程某系仓库经理，是仓库安全消防责任人；被告人姜某某系仓库行政主管，是仓库消防安全管理人；被告人刘某系仓库5号库安全管理员，这些人员均实行一岗双责。被告人杜

[①] 案例来源于中国裁判文书网。

某某、于某某是保安公司派驻到A公司该仓库的保安人员，负责门卫工作及消防控制室的工作，但二人均不具备消防人员培训资质。

某日，该公司租赁的5号仓库仓间视频监控系统电气线路发生故障，产生的高温电弧引燃线路绝缘材料等物，继而门卫室内的火灾自动报警联动控制柜发出火灾报警信号，显示该库的感烟探测器报警，当值保安于某某、杜某某听到报警后，并没有及时做出处置，直至十分钟后于某某才进入仓库查看。由于火灾发生时自动消防设施设置在手动模式上，导致自动喷水灭火系统和防火卷帘不能启动，致使火势蔓延成灾，将毗邻仓库一并烧毁。经鉴定，此次火灾事故造成的直接经济损失近9000万元。后经事故调查认定，本次火灾是一起责任事故，A公司在此次火灾事故中仓库场所用电安全管理不到位，未对视频监控系统电气线路进行定期检查、检测；违规设置建筑消防设施控制状态，将自动喷水灭火系统和联动控制的防火卷帘等防火分隔设施设置在手动控制状态；将门卫室保安员作为消防控制室值班员，事故发生时，两名值班人员均无证上岗；未及时消除上述火灾隐患，故各被告人分别负有不同程度的责任。事故发生后，十名被告人积极参与抢险、配合调查、主动到案、如实供述。A公司进行保险理赔，且大部分受损公司的损失赔偿完毕。基于此，法院认定本案十名被告人均构成重大责任事故罪，分别判处有期徒刑实刑、缓刑或免于刑事处罚。

（三）案例评析

本案虽然没有造成人员的伤亡，但所造成的经济损失巨大，且该涉案企业从管理层到基层员工均牵涉其中，是典型的犯罪主体"涉众"的案件，也是"涉众犯罪"中对企业造成创伤最为严重的情形。从本案法院判决情况可见，被告人李某、陈某某、李某甲、王某、姚某作为公司的管理人员，虽然不直接负责仓库的消防工作，但疏于履行管理职责，因此应承担管理责任；被告人程某、姜某某作为涉案仓库的消防安全管理人、责任人，是事故的直接责任人员，对事故负有主要责任；被告人刘某作为仓库的安全员、被告人于某某、杜某某作为当天的值守人员，虽具有各自的可予从宽处罚的事由，但亦对事故的发生负有相应的责任。

本案中各责任人员在工作中因存在疏漏，造成严重后果，足以敲响警钟，但值得注意的是，王某和姚某是在事发前相继担任A公司安监部经理，负责公司的安全监督检查，尤其是王某在事发前已经离职，为什么还要对离职后的事故承担责任呢？这与安全事故的发生规律有关，通常情况下，企业的生产安全隐患往往是一个日积月累的过程，相关问题如在行为人任职期间已经长期存在，而行为人不予重视并不予履行自己的相应职责，那么，其任职期间怠于履职与事故发生存在事实和法律上的因果关系，则当然需要承担事故责任。因此，本案中王某仍需承担相应的刑事责任。

二、生产、销售伪劣商品罪

（一）罪名解析

生产、销售伪劣商品罪系一类罪，其包含一系列罪名，涉及普通的产品以及有特殊规定的药品、食品、医疗器械、化妆品等，在此重点介绍最基础的罪名"生产、销售伪劣产品罪"以及在当前打击态势严厉的"生产、销售、提供假药罪""生产、销售、提供劣药罪"。

1.生产、销售伪劣产品罪。

生产、销售伪劣产品罪，是指生产者、销售者在产品中掺杂、掺假，以假充真，以次充好或者以不合格的产品冒充合格产品，数额达到法定标准的行为。[①]

这里的生产者和销售者，既包括个人也包括单位，在单位犯罪的情况下，其直接负责的主管人员和其他直接责任人员均需承担相应的刑事责任。要了解如何认定本罪，关键理解以下两方面内容：

（1）什么是"在产品中掺杂、掺假""以假充真""以次充好""以不合格产品冒充合格产品"？根据相关法律规定，"掺杂、掺假"主要是指在产品中掺入杂质或者异物，致使产品质量不符合国家法律、法规或者产品明示质量标准规定的质量要求，降低、失去应有使用性能的行为；"以假充真"即以不具有某种使用性能的产品冒充具有该种使用性能的产品的行为；"以次充好"即以低等级、低档

---

① 《刑法》第140条【生产、销售伪劣产品罪】：生产者、销售者在产品中掺杂、掺假，以假充真，以次充好或者以不合格产品冒充合格产品，销售金额五万元以上不满二十万元的，处二年以下有期徒刑或者拘役，并处或者单处销售金额百分之五十以上二倍以下罚金；销售金额二十万元以上不满五十万元的，处二年以上七年以下有期徒刑，并处销售金额百分之五十以上二倍以下罚金；销售金额五十万元以上不满二百万元的，处七年以上有期徒刑，并处销售金额百分之五十以上二倍以下罚金；销售金额二百万元以上的，处十五年有期徒刑或者无期徒刑，并处销售金额百分之五十以上二倍以下罚金或者没收财产。

次产品冒充高等级、高档次产品，或者以残次、废旧零配件组合、拼装后冒充正品或者新产品的行为；"不合格产品"则指不符合《产品质量法》第26条第2款规定的质量要求的产品。

（2）本罪法条规定的"销售金额"如何确定？对于这个问题需要明确，一方面是销售金额并非唯一的认定依据，由生产、销售特性所致，法律对计算数额的依据进行了层层设定，即以销售金额为基本依据，尚未销售的以货值金额计算，对于货值金额通常以标价计算，没有标价的，则以同类合格产品的市场中间价格计算。依据以上难以计算货值金额的，委托指定的评估机构确定。另一方面是销售金额未达到相应标准并不意味着出罪，根据相关规定，不仅是伪劣产品销售金额5万元以上（含本数）的要立案追诉，对于尚未销售，货值金额15万元以上的，以及销售金额不满5万元，但销售金额乘以3倍后与尚未销售的货值金额合计达到15万元的也在追诉之列。

2.生产、销售、提供假药罪与生产、销售、提供劣药罪。

生产、销售、提供假药罪，生产、销售、提供劣药罪，是指生产、销售《药品管理法》（2019年修订）规定的假药[①]，生产、销售劣药[②]，对人体健康造成严重危害的行为以及药品使用单位的人员明知是

---

① 《药品管理法》第98条第2款规定：假药是指药品所含成分与国家药品标准规定的成分不符；以非药品冒充药品或者以他种药品冒充此种药品；变质的药品；药品所标明的适应症或者功能超出规定范围的情形。
② 《药品管理法》第98条第3款规定：劣药是指药品成分的含量不符合国家药品规定；被污染的药品；未标明或者更改有效期的药品；未注明或者更改产品批号的药品；超过有效期的药品；擅自添加防腐剂、辅料的药品；其他不符合药品标准的药品的情形。

假药、劣药而提供给他人使用的行为。本罪同样可以构成单位犯罪。

这两个罪名本身并不难理解，但需要具体说明以下三点：

（1）什么是本罪中规定的"生产""销售""提供"行为？根据"两高"最新发布的《关于办理危害药品安全刑事案件适用法律若干问题的解释》，"生产"是以生产、销售、提供假药、劣药为目的，合成、精制、提取、储存、加工炮制药品原料；将药品原料、辅料、包装材料制成成品过程中，进行配料、混合、制剂、储存、包装的行为。"销售"则除了一般意义上的销售外，对于药品使用单位及其工作人员明知是假药、劣药而有偿提供给他人使用亦应认定为销售行为。无偿提供给他人使用的，系"提供"行为。

（2）本罪的入罪标准是什么？虽然上述两罪名的行为方式均系生产、销售、提供的行为，但由于假药和劣药所反映的行为人的主观恶性以及危害程度不同，刑法设定了不同的入罪标准。根据相关规定，只要生产、销售假药即予立案追诉。但根据民间传统配方私自加工的药品或者销售上述药品，数量不大，没有造成伤害他人后果或者延误他人诊治，或者不以盈利为目的实施带有自救、互助性质生产、进口、销售药品的行为不在追诉范围。针对劣药，则只有造成人员轻伤、重伤；轻度残疾或中度残疾；器官组织损伤导致一般功能障碍或者严重功能障碍等对人体健康造成严重危害的情形才予以刑事追诉①。

_____

① 具体规定详见《关于办理危害药品安全刑事案件适用法律若干问题的解释》第2至5条。

（3）法律上如何认定本罪的主观故意？此类犯罪的涉案人员或单位习惯采取"主观不明知"作为抗辩理由，但对于主观故意的判断，前述司法解释作出了较为明确的规定，在判定主观故意时，会结合行为人的从业经历、认知能力、药品质量、进货渠道和价格、销售渠道和价格以及生产、销售方式等综合判断，但如果有药品价格明显异于市场价格；向不具有资质的生产者、销售者购买药品，且不能提供合法有效的来历证明；逃避、抗拒监督检查；转移、隐匿、销毁涉案药品、进销货记录；曾因实施危害药品安全违法犯罪行为受过处罚，又实施同类行为等情形，又没有证据证明确实不具有故意的，则会被认定为具有主观故意。

（二）典型案例——销售行为何种情况下会被认定为单位犯罪①

被告人朱某某、刘某结伙注册了C公司，主要经营范围为：生物技术推广转让服务、商品批发贸易（许可审批类商品除外）、医学研究和试验发展、食品科学技术研究服务、化工产品批发等。公司经营地点在江苏省某地，并在某网站上注册了店铺。刘某担任公司的法定代表人，同时负责公司在网站上的店铺维护、面试新进人员、管理员工、督促及审核销售员的销售数据、提供银行卡和支付宝账号用于收取货款。朱某某则作为实际负责人全权负责公司管理、进购和销售业务。2014年朱某某、刘某开始结伙销售原料药A给肺癌患者，首先由朱某某负责从国内企业进购原料药A，再由朱某某、刘某及雇佣的销售员奉某、柏某某通过网店或电话方式进行

①案例来源中国裁判文书网。

销售，销售所得款项进入刘某的个人支付宝、银行账户或者朱某某的银行卡账户。在短短九个月时间里，被告人朱某某、刘某、奉某、柏某某销售给多人上述原料药A共计3000余克，销售金额达240余万元，在本案案发时，公安机关还查获原料药A238.4克，货值18万余元。经食品药品监督管理局认定，上述查获的药品应按假药论处。基于上述事实及各被告人的具体情节，4名被告人分别被判处1年8个月零15日至10年有期徒刑，并处5.5万元至60万元不等的罚金。

（三）案例评析

本案是《药品管理法》（2019年修订）和《刑法修正案（十一）》颁布、修订前发生的案件，法院依据当时的法律规定对各被告人判处刑罚，在此不做分析。该案的典型意义在于它反映出一个与企业利益具有直接关系的法律问题，即何种情况构成单位犯罪，对单位如何判处刑罚。事实上，并非企业人员实施的犯罪就是单位犯罪，它是公司、企业等为本单位谋取利益或者为单位全部或多数人谋取利益，通过单位的决策程序，继而付诸实施，触犯刑法明确规定为单位犯罪的情形。就本案而言，刑法中对生产、销售伪劣商品罪规定了单位犯罪，具备成立单位犯罪的法律条件，但法院并不认定属于单位犯罪，而是个人共同犯罪，原因在于，虽然被告人朱某某等人注册公司，具有购买、销售等经营行为，拥有公司的管理人员、营销人员等组织结构，各种行为具有单位行为的表象，但从其销售假药过程的资金流向可见，犯罪所得并非用于单位经营，而是汇入被告人朱某某、刘某的个人账户，因此法院认为并非是为了单位利益而实施犯罪，不能认定为单位犯罪，仅追究各被告人个人刑事责任。

三、污染环境罪

（一）罪名解析

污染环境罪，是指个人或者单位违反国家规定，排放、倾倒或者处置有放射性的废物、含传染病病原体的废物、有毒物质或者其他有害物质，严重污染环境的行为。

认识本罪有一个比较关键的问题是本罪行为人主观上应是一种什么样的心态。对此理论界存在一定的分歧，但目前较为权威的意见认为应是复合罪过，也就是可以是故意，也可以是过失[1]。只要行为人违反《环境保护法》《海洋环境保护法》等法律以及相关法规将有放射性的废物、含传染病病原体的废物、有毒物质或者其他有害物质置于海洋、大气、土地等环境中，并严重污染环境就可能构成本罪。

那么什么情况会被评定为"严重污染环境"呢？根据《关于办理环境污染刑事案件适用法律若干问题的解释》规定，非法排放、倾倒、处置危险废弃物3吨以上、致使30人以上中毒等18种情形[2]属于本罪所规定的严重污染环境，行为人将面临三年以下有期徒刑或者拘役的刑罚。而当行为造成的后果达到致使100人以上中毒、致使公私财产损失100万元以上等13种情形[3]时，则会对行为人在三年以上七年

---

[1]杨万明、周加海：《〈刑法修正案（十一）〉条文即配套〈罪名补充规定（七）〉理解与适用》，人民法院出版社，2021年4月第1版，第382页。
[2]具体规定详见《关于办理环境污染刑事案件适用法律若干问题的解释》第1条。
[3]具体规定详见《关于办理环境污染刑事案件适用法律若干问题的解释》第3条。

以下有期徒刑范围内判处刑罚。具备在饮用水水源保护区、自然保护地核心保护区等依法确定的重点保护区域排放、倾倒、处置有放射性的废物、含传染病病原体的废物、有毒物质，情节特别严重的；向国家确定的重要江河、湖泊水域排放、倾倒、处置有放射性的废物、含传染病病原体的废物、有毒物质，情节特别严重的；致使大量永久基本农田基本功能丧失或者遭受永久性破坏的；致使多人重伤、严重疾病，或者致人严重残疾、死亡的情形之一，则在七年以上有期徒刑判处刑罚。实施本罪规定的行为，同时构成其他犯罪的，刑法上会选择处罚更重的罪名予以定罪量刑。

（二）典型案例——给国家或集体造成财产损失的，行为人仍需要承担民事赔偿责任①

被告单位N公司是一家水务公司，成立以来主营污水处理业务，被告人郑某某是该公司总经理。2014年至2017年的两年多时间里，N公司在高浓度废水处理系统未运行、SBR反应池无法正常使用的情况下，利用暗管向长江违法排放高浓度废水20余万立方米和含有危险废物的混合废液50余万吨。此外，该公司还采取在二期废水处理系统中篡改在线监测仪器数据的方式，逃避监管，向长江偷排含有毒有害成分污泥4000余吨及超标污水900余万立方米。N公司的上述排污行为造成生态环境损害，经鉴定评估认定生态环境修复费用约4.70亿元。为此，公诉机关向法院提起公诉并同时提起刑事附带民事公益诉讼要求法院判令该公司在省级以上媒体公开赔礼道歉并承担约4亿余元

①案例来源于中国裁判文书网。

生态环境损害赔偿责任。经法院审理认定，被告单位及被告人郑某某等人均构成污染环境罪，最终判处被告单位罚金5000万元；分别判处被告人郑某某等12人有期徒刑1年至6年不等的刑期，并处5万元至200万元不等的罚金。而附带民事公益诉讼部分，最终检察机关与N公司及其控股公司达成分期支付现金赔偿及承担替代性修复义务金额共计4亿余元的调解协议。

（三）案例评析

涉众犯罪虽然是针对不特定多数人的侵害行为，但在实践中，并非所有涉众犯罪案件都直接造成某个个体的利益损失，因此在很多涉众犯罪中并没有个体就相关损失诉请民事赔偿，这种情况在污染环境案件中尤为突出。但事实上，污染环境的行为并非没有造成经济损失，甚至于会给国家、集体造成难以估量的损害，那么企业造成这种损失是否需要赔偿，如何赔偿呢？当前，依据刑事诉讼法以及公益诉讼案件的相关解释，人民检察院享有对国家、集体财产损失提起附带民事诉讼的权利，并且可以对破坏生态环境和资源保护、食品药品安全领域侵害众多消费者合法权益等损害社会公共利益的犯罪行为在提起刑事公诉时一并提起附带民事公益诉讼。除此之外，行使相关监督管理权的部门根据规定也有权提起民事公益诉讼，如行使海洋环境监督管理权的部门可以针对破坏海洋生态、海洋水产资源、海洋保护区的犯罪行为提起民事诉讼。由此可见，企业触犯此类犯罪，即便不涉及个体损失，也难逃民事赔偿责任。本案中，被告单位及各被告人的非法排污行为不仅构成了刑事犯罪，还产生了高额的生态环境修复费，同样应予赔偿。

四、拒不支付劳动报酬罪

（一）罪名解析

拒不支付劳动报酬罪即通常所说的"恶意欠薪"，刑法上是指个人或者单位故意采取隐匿财产、恶意清偿、虚构债务、虚假破产、虚假倒闭或者以其他方法转移、处分财产，逃跑、藏匿，隐匿、销毁或者篡改账目、职工名册、工资支付记录、考勤记录等与劳动报酬相关材料等方式逃避支付劳动者工资、奖金、津贴、补贴等劳动报酬或者有能力支付但不支付劳动者劳动报酬，数额较大，经人力资源社会保障部门或者政府其他有关部门责令支付，仍不支付的行为。

恶意欠薪是近年来社会关注度较高的问题，2021年12月1日，最高检发布了《关于充分发挥检察职能作用，依法助力解决拖欠农民工工资问题的通知》，旨在依法惩治恶意欠薪违法犯罪，维护农民工等普通劳动者的合法权益。因此本罪是"涉众犯罪"中值得关注的罪名之一。对于本罪，关键内容有以下三个方面：

1.构成本罪需经一个特别程序，即"经政府有关部门责令支付"。责令支付的方式可以是限期整改指令抑或行政处理决定，在规定的期限内企业如不予重视，则在实践中有可能会被人力资源和社会保障部门移送公安机关处理。

2.本罪的入罪数额标准和升档处罚的情形。根据相关规定，本罪"数额较大"的标准是拒不支付一名劳动者三个月以上的劳动报酬且数额在五千元至二万元以上或者拒不支付十名以上劳动者的劳动报酬且数额累计在三万元至十万元以上，但由于各地的经济社会发展状况等方面存在差异，因此各地高级法院可以根据相关情况来具体确定本地的数额标准。当行为人拒不支付劳动报酬符合前述标准，同时造成劳动者或者其被赡养人、被抚养人、被扶养人的基本生活受到严重影响、重大疾病无法及时医治、失学，或有对劳动者使用暴力或者暴力相威胁等情形，则属于"造成严重后果"，将被处以三年以上七年以下有期徒刑。

3.本罪单独规定了法定的从宽处罚情节。法律规定，对于有拒不支付劳动者报酬的行为，但尚未造成严重后果，在检察院向法院提起公诉之前支付了劳动者的报酬，并且进行了相应的赔偿，这种情况下可以获得从宽处理，减轻或者免除其处罚。

（二）典型案例——不接收责令支付的相关文书就能逃脱"拒不支付劳动报酬罪"吗[①]

徐某经营一家汽车维修中心，在此期间本应支付十名工人的工资共计8万余元，但徐某采用逃匿方式逃避支付。后来人力资源和社会保障局对徐某发出《劳动保障监察限期改正指令书》，并张贴至其经营的汽车维修中心。到期后徐某仍不支付工人劳动报酬，该案被移送公安机关处理。徐某因涉嫌犯拒不支付劳动报酬罪被刑事拘留，随后陆续支付了全部拖欠的劳动报酬并取得了被害人的谅解。最终，法院认定徐某的行为构成拒不支付劳动报酬罪，判处拘役并适用缓刑，并处罚金。

---

① 案例来源于常州市人力资源和社会保障局官网。

（三）案例评析

本案中徐某采取了逃匿的方式逃避支付十名劳动者报酬8万余元，已经达到了数额较大的入罪标准，但从前述对拒不支付劳动报酬罪的解析中可知，构成本罪还有一个前置程序，即"经政府有关部门责令支付"。本案中，徐某采取的拒不支付报酬的方式是逃匿，那么如果有关部门无法联系到徐某向其送达相关整改指令书，如何认定其属于经过有关部门责令支付而拒不支付呢？对于逃匿的情况，立法者已经考虑到这种情形的特殊性，因此规定行为人逃匿的，无法将责令支付文书送达其本人或者同住成年家属、所在单位负责收件的人的，有关部门可以在行为人的住所地、生产经营场所等地张贴责令支付文书，并对相关情况通过拍照、录像等方式记录，就可以视为政府有关部门已对其责令支付。本案中，人力资源和社会保障局将《劳动保障监察限期改正指令书》采取张贴的方式进行送达，徐某在限期内仍不予支付，其行为构成了拒不支付劳动报酬罪。因此，除非有证据证明行为人有正当理由未知悉责令支付或者未及时支付劳动报酬，否认并不能以此作为抗辩理由实现出罪目的。

第三节　企业涉众犯罪的风险分析及防控

从前述的相关案例以及罪名可见，企业涉众犯罪的风险几乎贯穿于企业运营的各个环节、方方面面，但归根结底主要源自决策、管控和应对的错误，因此下面从这三个方面入手对企业涉众犯罪的风险点进行梳理，并提出相应的防控建议：

一、企业决策风险及防控

（一）风险点

企业决策指引企业发展的方向，决策错误会导致方向出错，继而使企业陷入被动，可以说，绝大部分企业发生涉众犯罪是由于企业决策错误，这也是所有类型企业的决策人、管理人在经营企业过程中特别需要注意的方面。归纳起来，通常引发犯罪的决策错误主要源自以下三个风险点：

1.投机心理。企业家是企业的掌舵人，作为成功人士必然拥有自信，这是必要的品质，但也容易陷入到自我的高度信任，过于信任自我认知与个人的判断力，以致很难听取有别于自己想法的意见，这是容易出现决策错误的心理根源。当然，大中型企业由于制度相对较为完备，决策机制、组织也比较健全，投机心理出现较少，风险系数会相对较低。但对于管理比较松散，决策权在一个人或几个人的小微企业来说，风险更为显著。

2.利益至上。企业经营追逐利益最大化本无可厚非，但众多涉刑事犯罪的企业和管理人员往往都是因在追逐利润时无视法律、忽视公共利益，基于"业内规则"而随波逐流、突破底线。涉众犯罪中强令他人违规冒险作业、生产、销售伪劣产品、污染环境都是追逐利益的产物，因此，利益至上的观念是导致决策错误的动力因素。

3.资讯滞后。涉众犯罪所涉罪名多与是否达到国家、行业标准息息相关，因此，对企业而言，全面系统了解有哪些国家及行业的最新规定和标准，更新和调整自身的能力直接影响着企业涉罪的风险大小。

（二）防控建议

1.建立健全企业决策的听证机制。企业无论大小，均应具有健全的决策机制，这要求企业决策人员不能仅限于企业的董事会、股东、高管，决策流程不能形式化、流程化，应是进行实质决策讨论。企业决策需吸收安全、技术、生产、销售、运营、法务等各个部门的人员参与其中，切实保障决策方案在合理性、必要性、合规性、可行性方面得到充分研究论证。遇重大决策时，还可通过企业设置的内部听证程序，在保证商业信息保密的前提下，扩大参与研讨的人员范围，以避免投机心理所带来的企业风险。

2.建立健全专业法律风险评估前置程序。在企业有新的发展意向之初，首先由专业法律人士进行初步的法律评估，并追踪意向的变化给出法律意见，在形成决策提案之前完成法律风险初步评估报告，全面筛查风险点，设定底线，供决策组织参考，以此避免决策层面单纯考虑利益、忽视潜在风险的问题。

3.建立健全企业技术和法律知识储备更新体系。通常企业中技术部门最为了解行业和技术标准，法务部门更为了解法律规定，但两者往往各自为政，决策缺乏系统性。因此企业可以根据所涉领域，由专业人员对国家标准、行业标准、相关规定以及违反规定所对应的行政、刑事责任等进行系统梳理，并实时进行更新，既便于决策参考，也便于具体执行。

二、安全管控风险及防控

（一）风险点

安全管控失误所引发的多是重大的伤亡事故、巨大的财产损失，因此安全风险在企业涉众犯罪中仅次于决策错误的风险系数，同样也是企业普遍具有的风险点，以厂矿、建筑等企业为著。从有关生产安全的罪名中基本可以看出，生产作业安全、劳动设施安全、危险物品安全、工程安全、消防安全，等等，基本涵盖了企业的各方面，但归根结底，在安全管控方面主要有以下几方面风险点：

1.安全意识薄弱，掉以轻心。意识支配行为，一家企业是否具有安全意识可以从其安全保障体系是否完善反映出来。对内，很多企业设置了安全总监、安全员等多种职位，但均是虚设，甚至连安全检查都是走过场，安全问题在企业中从上到下均不被重视。对外，企业对分包、转包、挂靠机构的资质缺乏必要的审查，违规分包、转包问题突出。

2.分工过于笼统，权责不明。正如本章罪名所涉的不同安全类型一样，企业中安全保障的方面多且细，但企业往往只是针对安全这一大的方面安排人员负责，对每个风险点的安全保障没有细化，遇到问题易互相推诿，容易出现管理漏洞，最终可能使得问题不能得到及时有效的解决。

3.缺乏安全知识，无从保障。安全隐患往往发生在不经意间，不具有专业的知识很难发现其中的问题，很多企业的安全管理人员本身并不专业，缺乏发现和评估问题的能力。

4.执行流于形式，欠缺监督。企业中对安全的保障方式多是安全检查，但部分企业负责执行安全检查的管理人员只是看看车间、设备，听取下级员工的口头汇报，至于是否真正对隐患进行了清查，并不深究，甚至连相关记录都不留存。

（二）防控建议

1.加强安全学习教育，定期开展安全培训。可在企业的某个部门中专设教育培训管理人员，对外联络安全培训，对内制定安排培训计划，将安全专业知识和防范意识灌输给企业的各层级人员，给安全主管人员制定更全面深层的培训和实践课程。

2.根据企业特点梳理安全节点，分解细化任务。如建工企业，将工程质量安全拆分为工程原材料方面、施工设施方面、工程验收方面等各个环节，分别安排专业人员负责，既便于防止遗漏安全风险点，也便于厘清责任。

3.增设独立于安全日常管理部门的监督检查部门，敦促落实安全措施。对于企业的安全监管，不仅有内部检查，还有企业外相关的行政单位的定期检查，若检查、督导、整改、反馈均为同一部门执行，监督则形同虚设，很难确保执行整改到位。因此设立独立的安全检查部门能形成制约机制，避免走形式过场。

4.设定安全管理准入标准，加强分包转包资质审查。安全管理需要专业知识，但现实中企业负责安全的人员往往并不具备相关的能力，为此，企业安全职位的设置应提出相应的岗位要求，避免能不配位。此外，遇有分包转包等情形，企业需要注意自身对相关机构要有必要的了解和审查，并对分包转包过程中的安全进行监管，发现问题需予以有效制止，并务必详细记录在案。

三、问题应对风险及防控

（一）企业误区

企业发生涉众犯罪"非一日之寒"，往往具有一个从量变到质变的过程，一旦发生问题时，应对的方式和策略则至关重要，错误的应对可能解除当下或短期内的问题，实则会孕育更大的问题，亦是造成企业涉罪以及引发犯罪后从重处罚的重大风险点。归纳起来，企业错误的应对方式通常有以下几种：

1.无视问题：问题已经初步显现，企业本应及时处理解决，但却因对安全问题重视度低，而对相关问题视而不见，导致问题逐渐严重，最终引发更为严重的后果，构成犯罪，如：企业的生产设备严重老化却不予更换，继而在生产作业中发生爆炸事故。

2.逃避责任：问题已经引发一定的后果，企业为了防止名誉和经济利益受损，而通过虚假的检测报告等方式，否认责任，撇清关系；或在企业经济危机时选择逃避，如恶意欠薪就是逃避责任的表现。

3.压制舆论：当问题逐渐严重并引发了一定范围的舆论时，企业不思悔改却只是通过不正当的手段控制舆论导向。如：通过不正规媒体、雇佣水军在网上发表有利于企业的言论，或直接利用金钱堵住个别受害者的嘴，以此压制不利舆论的持续发酵。

4.拒绝整改：当问题被相关行政管理机关关注并提出整改建议，

或给予行政处罚后，不积极整改，甚至持续实施违法行为，最终走向刑事犯罪。

（二）防控建议

1.应对风险应具有及时性。企业在决策和执行层面一旦发现风险应当即解决，避免累积。

2.应对风险应具有彻底性。发现问题后不应只想粉饰太平，掩盖错误。企业在接到一定的问题反馈时，只有积极查找原因，正视问题，认清责任，认真整改，才能阻止问题向更严重的方向发展，避免从一般的行政、民事责任发展为刑事责任。

3.应对风险应具有针对性。企业应认识到涉罪可能引发的后果，对于"涉众犯罪"而言，主要包括：企业内外部财物损失、人身伤亡、责任人员判处刑罚等，因此，企业可在能力范围内根据风险的大小购买相关保险，预留专项风险储备金，以便在遭遇刑事风险时获得理赔减少经济损失，有独立于经营资金以外的钱款用于支付赔偿、缴纳罚金，争取从宽处罚的条件。

4.应对风险应具有专业性。企业需要专业人士协助防止风险，一旦发生问题，同样应寻求专业的法律帮助，尽早聘请专业的法律人士介入，最大限度控制和降低风险所带来的负面影响。

第六章　涉网犯罪 ≪

第一节　法律背景分析

随着互联网技术与生产生活日渐广泛深入地融合，网络犯罪的数量也在不断攀升，新类型涉网犯罪层出不穷。以素有"中国硅谷"之称，聚集了大批高校、科研院所和互联网高新技术企业的北京市海淀区为例，2016年至2021年网络科技犯罪案件数量分别为：2016年123件369人，2017年151件270人，2018年195件402人，2019年148件313人，2020年314件606人，显现逐年攀升趋势。同时，网络犯罪案件所涉罪名也日趋多元化，从2016年的10个罪名扩展至2021年的33个。其中，纯正的网络科技犯罪案件共计271件554人，约占案件总量的30%，其中，帮助信息网络犯罪活动罪181件，非法获取计算机信息系统数据、非法控制计算机信息系统罪40件、破坏计算机信息系统罪34件，非法利用信息网络罪15件，拒不履行信息网络安全管理义务罪

1件。不纯正的网络科技犯罪案件共计660件涉1406人，约占案件总量的70%，数量排名前五的罪名分别为诈骗罪194件、盗窃罪134件、侵犯公民个人信息罪83件、扰乱无线电通信管理秩序罪72件、开设赌场罪41件。

网络科技犯罪案件更呈现出智能化、链条化、隐蔽化、迭代化的特征，网络黑灰产业上、中、下游的犯罪产业链条日趋复杂，司法机关因此不断加强加大对涉网犯罪技术行为的规制力度与打击范围。然而，由于目前立法的滞后性和网络技术疾速更新的矛盾，各地区技侦部门、司法鉴定技术水平参差不齐等原因，我国目前的刑法条文与司法解释缺乏从技术本质上对网络犯罪情节的解释性规定，例如非法控制计算机信息系统罪，对于"非法控制"的内涵，法条和司法解释都没有具体的解释。对于网络犯罪基本是从技术行为造成的经济损失出发进行定罪量刑。如以保护用户地理位置隐私的App为例，如果用户下载，并通过该App修改自己的手机系统内部地理位置，向其他调用自己地理位置信息的App返回一个虚假的地理位置，从而保护自己的隐私。这样的App功能似乎并不违法，但在实务中就存在这样的真实案例。大量用户明知某App具有生成虚拟地理位置的功能，付费下载并安装该App，向某上班打卡App返回虚假地理位置。制售该App的科技公司主要成员被司法机关定为破坏计算机信息系统罪。当然该案当中对于技术行为情节还存在一定的争议，但目前实务中大量的新型网络犯罪案例，都在提醒着企业，即便是在正常的经营与商业合作中，也需要防范网络犯罪刑事风险。

尤其是近几年，国家出台了大量网络安全相关的法律法规，工信部以及各地方相关部门也出台了网络安全与数据合规相关的文件，例如上海市于2021年出台了《上海市数据条例》。种种趋势表明，国家对数字经济下网络安全十分重视，对涉网犯罪的打击力度与决心空前。企业应当充分认识到涉网犯罪的刑事风险，积极开展数据合规审查，为企业的稳健发展保驾护航。

第二节　涉网犯罪的罪名与处置

一、非法获取计算机信息系统数据罪

（一）罪名解析

非法获取计算机信息系统数据罪，是指违反国家规定，侵入国家事务、国防建设、尖端科学技术领域以外的计算机信息系统或者采用其他技术手段，获取系统中存储、处理或者传输的数据，情节严重的行为。

本罪设定了两档刑罚，即"情节严重"的，处三年以下有期徒刑或者拘役，并处或者单处罚金；"情节特别严重的"，处三年以上七年以下有期徒刑，并处罚金。因此，"情节严重"是本罪的入罪标准，根据相关司法解释规定，当行为人的行为具有下面几种情形时，就达到了该标准：获取支付结算、证券交易、期货交易等网络金融服务的身份认证信息十组以上；其他身份认证信息五百组以

上；违法所得五千元以上或者造成经济损失一万元以上；其他情节严重的情形。

（二）典型案例——什么方式属于"非法获取数据"[1]

R科技公司通过与覆盖十余省市的运营商签订营销广告系统服务合同，在提供软件服务的过程中违反国家规定，利用获得的运营商服务器的远程登录权限将自主编写的恶意程序放在运营商内部的服务器上，从中清洗、采集出用户cookie、访问记录等关键数据，再通过恶意程序将所有数据导出并存放在其境内外的多个服务器上，导致多家国内核心互联网公司的用户数据被获取。

（三）案例评析

本罪中"非法获取数据"这一情节一般表现出以下两个特点。一是获取数据的手段非法，例如在商业合作中合作一方被另一方授权登录、使用系统，但对方利用职务之便，超越权限访问并存储、使用系统数据，抑或利用合作之便，合作一方隐瞒另一方向其系统内植入恶意程序，获取对方系统中的数据等，上述案例就是采取了后面这种非法手段获取了数据信息。二是获取并利用的数据违法，通常商业合作中对方系统中存储着大量平台用户信息，例如某视频社交类App的服务器上存储有大量用户直播打赏行为统计的大数据，为该视频社交App提供sdk服务的一家科技公司利用合作之便，非法获取并使用该数据进行商业广告精准推送以获得利润。简而言之，在企业间的商业合作和企业运营中，即便是为了正常的合作开展、公司的正

---

[1]案例来源于中国裁判文书网。

常经营而获取的系统数据，但凡数据属于其他平台、系统所有，由其他平台产生或者有牵连的，都有可能涉及本罪。一旦涉本罪，不仅直接负责项目的主管人员和研发、操作人员会被追究刑事责任，公司本身也会被追究刑事责任以及民事责任，这无疑会直接影响公司正常运营。在数字经济日益发展的今天，"数据"可以说是当下商业世界中流动的黄金，企业在获取、处理、传输和存储各类数据的过程中，应当及时对企业系统内部数据的进行合规性审查，远离犯罪红线，保障企业运营安全。

二、非法控制计算机信息系统罪

（一）罪名解析

非法控制计算机信息系统罪，是指违反国家规定，对国家事务、国防建设、尖端科学技术领域以外的计算机信息系统实施非法控制，情节严重的行为。

本罪的刑罚设定与非法获取计算机信息系统数据罪相同，在此不再赘述，需要说明的是，本罪的情节严重标准是非法控制计算机信息系统二十台以上；违法所得五千元以上或者造成经济损失一万元以上等情形。而两罪中所述的"计算机信息系统"不限指计算机，而是具备自动处理数据功能的系统，还包括网络设备、通信设备、自动化控制设备等。

（二）典型案例——如何区分"控制"与"破坏"行为①

自2017年7月开始，被告人张某某等人经事先共谋，为赚取赌博

---

①案例来源于中国裁判文书网。

网站广告费用，在境外某公寓内相互配合，对存在防护漏洞的目标服务器进行检索、筛查后，向目标服务器植入木马程序（后门程序）进行控制，再使用"菜刀"等软件链接该木马程序，获取目标服务器后台浏览、增加、删除、修改等操作权限，将添加了赌博关键字并设置自动跳转功能的静态网页，上传至目标服务器，提高赌博网站广告被搜索引擎命中概率。截至2017年9月底，被告人张某某等人链接被植入木马程序的目标服务器共计113台，其中部分网站服务器还被植入了含有赌博关键词的广告网页。基于上述事实，法院判决认定被告人张某某犯非法控制计算机信息系统罪，判处有期徒刑四年，罚金人民币五万元。

（三）案例评析

在本案中，法院认定被告人通过植入木马程序的方式，非法获取网站服务器的控制权限，进而通过修改、增加计算机信息系统数据，向相关计算机信息系统上传网页链接代码，属于《刑法》第285条第二款"采用其他技术手段"非法控制计算机信息系统的行为。

值得注意的一点，我国《刑法》第286条规定，对计算机信息系统中存储、处理或者传输的数据和应用程序进行删除、修改、增加的操作，后果严重的，构成破坏计算机信息系统罪。本案中被告人具有修改、增加的操作，为什么没有被认定为法定刑更为严厉的破坏计算机信息系统数据罪？这就涉及到"控制"与"破坏"行为的区分。本案中法院给出的裁判理由为：虽然被告人张某某等人对目标服务器的数据实施了修改、增加的侵犯行为，但未造成该信息系统功能实质性的破坏，或不能正常运行，也未对该信息系统内有价值的数据进行增加、删改，其行为不属于破坏计算机信息系统犯罪中的对计算机信息系统中存储、处理或者传输的数据进行删除、修改、增加的行为，因此应认定为非法控制计算机信息系统罪。

事实上，破坏计算机信息系统罪与非法控制计算机信息系统罪在司法实践中很容易被混淆。主要原因之一是我国立法技术的局限，现行刑法对两罪的设置较为笼统。《刑法》第285条规定了非法控制计算机信息系统罪，然而对"非法控制"的具体内涵，不仅法条本身属于简单罪状，就连司法解释也未对此专门展开作详细解释。将"非法控制"放在汉语语境中理解，无论采取何种技术手段，一旦计算机信息系统全部或者部分脱离了用户的有效控制，都应当被认定为非法控制。至于何种状态应当被认定为"脱离控制"，我国立法与司法部门均对此缺乏专门的解释，这就导致非法控制计算机信息系统罪的范围极为宽泛，本身就容易与破坏计算机信息系统罪重合。主要原因之二就是两种行为在客观表现上确实存在交集或者极强的关联性。根据《刑法》第286条第一款和第二款规定，对计算机信息系统功能和系统中的数据与应用程序进行修改、增加、干扰、删除属于"破坏"行为，然而实践中两罪在客观行为方面都可能采取删除、修改、增加、干扰等行为方式。"破坏"行为与"非法控制"行为往往一方是另一方的手段或者目的，或者在技术上同质的行为被司法机关认定为不同性质。例如，行为人通过修改存储在计算机系统中的登录账户、密码，从而得以远程控制该计算机信息系统进行"挖矿"活动，在司法实践中一般被定性为非法控制计算机信息系统罪，但是修改账户密码本身也是在修改存储在计算机信息系统中的数据，符合《刑法》第286条第二款规定，理论上讲属于破坏计算机信息系统罪。再例如，行为人通过"木马"程序控制手机中的微信广告界面的推送，用户只能看到行为人违法推送给用户的广告而看不到本应当正常显示的广告，该行为被定性为非法控制计算机信息系统罪；而通过木马程序获取手机账户密码信息后，通过远程控制锁定用户手机导致其成为"僵尸机"，则被定性为破坏计算机信息系统罪。从技术人员视角来看，同样是通过木马程序对目标计算机信息系统进行"控制"，但司法机关的定性却大相径庭。在目前的立法技术下，法条和司法解释无法对"破坏"和"非法控制"作出明晰准确的具体解释，司法机关对二者进行区分时往往从二者所侵害的法益出发，兼以技术行为性质区别为辅。破坏计算机信息系统罪侵犯的法益是计算机信息系统的运行安全与功能实现，具体解释就是各类计算机信息系统功能及计算机信息系统中存储处理或者传输的数据和应用程序的完备性与系统功能的正常实现。而非法控制计算机信息系统罪侵犯的法益是计算机信息系统使用者对计算机信息系统的控制与支配。被定性为破坏计算机信息系统罪的行为一般导致计算机信息系统功能的实质性损坏，使计算机信息系统不能正常运行，同时，删除、修改、增加的数据对象应当在整个系统的功能实现中起到关键作用，才会被认定为构成破坏计算机信息系统数据罪，例如大量删除公安道路交通违法信息管理系统的车辆违章信息获利的行为，大量修改教育部门等级考试网站中学生成绩获利的行为，大量修改电信公司网站数据帮助他人开通宽带和提速的行为，以及大量删除公司数据库中重要财务数据的行为等；被定性为非法控制计算机信息系统罪的行为一般导致计算机信息系统的合法所有者、使用人，由于行为人的控制行为，无法完全按照自己的意志使用、控制计算机信息系统。

三、提供侵入、非法控制计算机信息系统程序、工具罪

（一）罪名解析

提供侵入、非法控制计算机信息系统程序、工具罪，是指提供专门用于侵入、非法控制计算机信息系统的程序、工具，或者明知他人实施侵入、非法控制计算机信息系统的违法犯罪行为而为其提供程序、工具，情节严重的行为情形。

理解本罪，主要需要了解以下两个方面：

其一，刑法上如何界定"专门用于侵入、非法控制计算机信息系统的程序、工具"。对此，相关司法解释明确规定"具有避开或者突破计算机信息系统安全保护措施，未经授权或者超越授权获取计算机信息系统数据、实施控制功能以及其他专门设计用于侵入、非法控制计算机信息系统、非法获取计算机信息系统数据的程序、工具"属于本罪所称的程序和工具。

其二，"情节严重"的入罪标准是什么。目前对于该标准明确规定的情形主要有三类：1.提供能够用于非法获取支付结算、证券交易、期货交易等网络金融服务身份认证信息的专门性的程序、工具或明知他人实施前述违法行为而为其提供程序、工具，达五人次以上；2.提供第一类以外的专门用于侵入、非法控制计算机信息系统的程序、工具以及明知他人实施该违法犯罪行为而为其提供程序、工具达20人次以上；3.违法所得5000元以上或者造成经济损失1万元以上。

此外，如果以单位名义或单位形式实施前述三项罪名所规定的犯罪行为，达到定罪量刑标准则可构成单位犯罪。

（二）典型案例——软件研发中暗藏的涉罪风险[①]

2018年3月，被告人陈某甲为更加便捷地销售微信账号，遂让被告人陈某乙、王某帮其开发操作软件。被告人王某在被告人陈某乙提供的微信底层接口协议基础上，先后编写了"黑客数据助手""黑客检测助手""黑客销售助手"等系列软件。2018年年底，被告人陈某甲等人为牟取非法利益，将上述软件放在互联网上公开出售。2019年春节后，被告人陈某甲为进一步扩大微信账号销售规模，将上述软件重新包装后更名为"海贼王"，由被告人王某制作官方下载网站，被告人杜某某制作广告图片、功能介绍视频后进行推广，并先后发展杜某某、梁某某等人为代理进行销售。经鉴定，"海贼王"系列软件具有挂机模式、一键删除或添加好友、修改朋友圈、一键洗白、检测账户封号、批量实名认证等功能，上述功能均是通过获取计算机信息系统中对应的数据实现。"海贼王"系列软件能够代替人工在微信界面的操作，实现对微信计算机信息系统的控制。被告人陈某甲、梁某某等人为牟取非法利益，使用"海贼王"系列软件侵入并控制T公司的

[①]案例来源于中国裁判文书网。

计算机系统，批量登入他人微信账号，并进行检测、修改密码、实名认证等操作，非法获取微信账号数据，并向他人销售经"海贼王"软件处理的微信账号获利。经司法审计，被告人陈某甲销售"海贼王"系列软件共计2284个，销售金额共计人民币456905元，获利人民币427940元，其他14名被告人亦通过销售"海贼王"系列软件获利不等。被告人梁某某、陈某甲犯提供侵入、非法控制计算机信息系统程序、工具罪、非法获取计算机信息系统数据、非法控制计算机信息系统罪、侵犯公民个人信息罪，数罪并罚，分别被判处有期徒刑10年、8年6个月，并处罚金人民币116000元、132000元，其余被告人犯提供侵入、非法控制计算机信息系统程序、工具罪、非法获取计算机信息系统数据、非法控制计算机信息系统罪、侵犯公民个人信息罪、掩饰、隐瞒犯罪所得罪，分别被判处有期徒刑6个月至8年不等刑期，并处人民币200元至149000元不等的罚金。

（三）案例评析

本案中被告团伙大量出售的"海贼王"软件能够代替人工，在短时间内自动化、批量化控制、修改大量微信账号内部相关数据，如批量登入他人微信账号进行检测、修改密码、实名认证，一键删除好友、添加好友、修改朋友圈、一键洗白、检测账户封号、批量实名认证等操作，从法律上定性，以上操作属于对T公司计算机信息系统的非法控制。由于互联网的自身特性，网络犯罪链条的各个参与者已经不需要在线下实际发生合作与交易，甚至不需要认识对方就可以参与、完成整个犯罪链条的运行，非法控制软件的开发者、销售者、使用者，很多情况下互相之间并没有实际的联系，因此不存在聊天记录、通话记录等证据，这就给司法机关带来了极大的侦查难度。刑法专门设置非法控制计算机信息系统罪和提供侵入、非法控制计算机信息系统程序、工具罪这两个不同的罪名，能够更精准地打击网络违法行为，保护信息系统的安全运行，维护社会秩序。本案中的团队即便仅仅是售卖"海贼王"软件，没有进行研发，也可构成本罪。需要注意的是，本案中非法控制微信系统的软件"海贼王"制售团伙是公安机关在侦办一宗以婚恋交友诱骗投资的网络诈骗案中发现的，而在司法实务中，科技公司同样需要防范被司法机关认定为具有"非法控制"性质的刑事风险。例如，某视频网站的用户数量众多，但该网站非充值会员需要在视频播放前阅览完时长不短的广告，许多用户对此表达不满。为了抓住商机，满足这类用户的需求从而盈利，某科技公司专门成立研发小组开发了一款App，具有屏蔽该视频网站信息推送的功能，安装并运行该App的用户再登录某视频网站，视频界面上将不会显示任何广告，该技术操作就属于对视频网站这一计算机信息系统的非法控制。互联网时代用户需求层出不穷、千变万化，企业在设计、规划产品功能，研发、销售软件的全过程中，都需要注意产品本身是否可能侵害到其他信息系统合法所有人和使用者对该系统的完整控制权。

四、破坏计算机信息系统罪

（一）罪名解析

破坏计算机信息系统罪，是指违反国家规定，对计算机信息系统功能进行删除、修改、增加、干扰，造成计算机信息系统不能正常运行，或者对计算机信息系统中存储、处理或者传输的数据和应用程序进行删除、修改、增加的操作，故意制作、传播计算机病毒等破坏性程序，影响计算机系统正常运行，后果严重的行为。

基于本罪的危害性，刑法规定了相较前面几项罪名更重的刑罚，即"后果严重"的处五年以下有期徒刑或者拘役；后果特别严重的，处五年以上有期徒刑。在非法控制计算机信息系统罪中我们简要提到了该罪名，在此仅就"后果严重"的标准做简要介绍，以便于区分罪与非罪。由于破坏行为多样且造成的结果不尽相同，因此相关司法解释对"后果严重"作出了多方面的设定和考量：1.造成10台以上计算机信息系统的主要软件或硬件不能正常运行；2.对20台以上计算机信息系统中存储、处理或者传输的数据进行删除、修改、增加操作；3.造成100台以上计算机信息系统提供域名解析、身份认证、计费等基础服务或者为1万以上用户提供服务的计算机信息系统不能正常运行累计1小时以上；4.违法所得5000元以上或者造成经济损失1万元以上等。本罪同样可以构成单位犯罪。

（二）典型案例——高频次的访问行为可能被界定为"干扰行为"而涉罪①

被告人杨某是K公司的技术总监，负责该公司网络技术开发及应用，是被告人张某上司。被告人张某是该公司的员工。K公司主营业务是为按揭贷款购房的客户提供赎楼及债务置换贷款等。2018年1月，杨某授权公司员工张某开发一款名为信贷系统的软件，该软件

---

① 案例来源于中国裁判文书网。

内的"网络爬虫"功能可以实现与某市居住证网站链接，可以在市居住证网站上查询到房产地址、房屋编码等对应的资料，该软件对市居住证网站访问量能达到每小时数十万次，以达到为其公司主营业务提供便捷的目的。杨某在公安机关供称其明知该信贷系统内的"网络爬虫"功能在市居住证系统获得数据时，相应地会对该系统产生伤害性的影响。2018年5月2日10时至5月2日12时许两小时内，该软件对市居住证系统查询访问量为每秒183次，共计查询信息1510140条次并将查询的信息以网络云盘的形式保存，在该时段内造成市居住证系统无法正常运作，极大地影响了居住证系统使用方的日常运作。法院经审理认为，此行为违反了《刑法》第286条的规定，构成破坏计算机信息系统罪。

（三）案例评析

对于破坏计算机信息系统罪，要注意构成本罪并不要求直接删除、修改、增加系统本身的数据、代码，因为《刑法》第286条的规定中除了"删除、修改、增加"，还有一个非常关键的行为——"干扰"。类似本案当中利用"网络爬虫"高频次访问目标系统，导致被访问系统负载过重，在某时段内严重影响大批不特定用户对系统主要功能正常使用的行为，在法律上就可以被定性为"干扰"。在目前的司法实务中，破坏计算机信息系统罪逐渐具有成为网络犯罪"口袋罪"的倾向，相当多的不同程度影响到其他信息系统运行的技术行为存在被定性为本罪的刑事风险，例如2021年引起IT圈热议的"大牛助手"破坏计算机信息系统罪一案。"大牛助手"App被指控为破坏"钉钉打卡"系统，实际上安装"大牛助手"App的用户都是明知其具有修改定位的功能，并允许"大牛助手"App修改用户手机操作系统内的地理位置信息，在其他App调用用户手机系统地理位置数据时，向其他App返回虚假的地理位置数据。许多手机自带的系统功能中就有类似功能，本意是为了供用户选择，保护用户的隐私权。例如小米手机系统"空白通行证"这一功能，就与"大牛助手"App类似，均是在用户的主动授权、操作下，向其他App返回虚假的地理位置信息，从而保护用户隐私不被任意侵犯。目前司法实务中对法条中定义的"干扰"行为，缺乏立法和司法解释上的具体解释，主要根据技术行为造成的损失、恢复系统的费用等经济损失后果进行定罪量刑，因此企业在研发、销售软件产品的过程中，需要格外注意自己的产品可能带给其他信息系统的影响，远离刑事风险。

五、拒不履行信息网络安全管理义务罪

（一）罪名解析

拒不履行信息网络安全管理义务罪，是指网络服务提供者不履行法律、行政法规规定的信息网络安全管理义务，经监管部门责令采取改正措施而拒不改正，致使违法信息大量传播；用户信息泄露，造成严重后果；刑事案件证据灭失，情节严重等严重情形之一的行为。

本罪认定中的关键点在于，其一，主体的特殊性，本罪的犯罪主体可以是个人，也可以是单位，但必须是网络服务的提供者；其二，本罪行为人有消极整改的行为，即对监管部门依照法律、行政法规提出的明确、合理的整改要求不予落实。这两方面究竟有着怎样的具体含义，我们将通过后面的案例展开讲解，在此不予赘述。

（二）典型案例——拒不履行信息网络安全管理义务罪的主体和消极行为认定①

2021年4月16日，虚拟运营商Y公司因拒不履行信息网络安全管理义务罪，董事长王某及部分高管被法院一审判处有期徒刑或拘役。这是全国第一起电信运营商因手机卡实名制监管不到位，造成电信网络诈骗犯罪严重后果发生而获刑的判例。Y公司作为电信运营商的一级代理商，为了获取高额回报，与通信营运商内部人员勾结，从通信营运商手中违规获取大量电话卡，为全国300多个类似"黑兔子"窝点的犯罪团伙提供大量电话"黑卡"用于盗取微信号和从事电信网络诈骗活动，仅2018年就非法提供"黑卡"1000万余张。同时他们还自己组建盗号团队，直接实施盗号、发送非法短信等各类违法犯罪行为，成了境内外电信网络诈骗犯罪活动的有力推手。

（三）案例评析

本案是全国首例运营商因拒不履行信息网络安全管理义务获刑案。关于拒不履行信息网络安全管理义务罪，本案有以下几点值得注意的地方：

1.根据《最高人民法院、最高人民检察院关于办理非法利用信息网络、帮助信息网络犯罪活动等刑事案件适用法律若干问题的解释》（以下简称为《解释》）第一条的规定，Y公司作为电信运营商，属于"利用信息网络提供通信公共服务"的单位，李某某作为Y公司的高级

---

① 案例来源于中国裁判文书网。

运营总监，负有查验、评估、审核行业卡使用情况的职责，属于"利用信息网络提供通信公共服务"的个人，构成刑法意义上的"网络服务提供者"。

本罪中的"网络服务提供者"，实际上包括网络技术服务提供者、网络内容服务提供者以及网络公共服务提供者。其中，网络技术服务提供者即信息网络接入、计算、存储、传输服务提供者；网络内容服务提供者即信息发布、搜索引擎、即时通信、网络支付、网络购物、网络游戏、广告推广、应用商店等信息网络应用服务提供者；网络公共服务提供者即电子政务、通信、能源、交通、水利、金融、教育、医疗等公共服务提供者。除传统意义上的网络服务外，云服务商、云计算服务提供者、移动应用系统（App）服务提供者等，均属于本罪主体"网络服务提供者"。

2. "经监管部门责令采取改正措施而拒不改正"是网络服务提供者成立拒不履行信息网络安全管理义务罪的前提条件。首先，关于"监管部门"的范围，根据《解释》第二条的规定，是指"网信、电信、公安等依照法律、行政法规的规定承担信息网络安全监管职责的部门"。其次，关于"责令采取改正措施"的形式，仅限于监管部门"以责令整改通知书或者其他文书形式"责令整改，以避免不当地扩大了此罪的适用范围。最后，关于"拒不改正"的认定，应当"综合考虑监管部门责令改正是否具有法律、行政法规依据，改正措施及期限要求是否明确、合理，网络服务提供者是否具有按照要求采取改正措施的能力等因素进行判断"，即此处的"拒不改正"更强调网络服务提供者主观上的"不愿为"，因此将客观上的"不能为"排除在外。

本案中的Y公司"不履行法律、行政法规规定的信息网络安全管理义务"，且"经政府有关部门责令采取改正措施而拒不改正"。自2016年至今，Y公司曾因为未落实电话用户实名登记等义务，多次被监管部门责令改正：2016年12月21日，Y公司被省通信管理局处以3万元人民币罚款，并责令立即改正；2017年1月10日，工业和信息化部网络安全管理局对Y公司部分网点违反实名制问题进行了通报，并发出整改通知；2017年2月21日，工业和信息化部办公厅对Y公司检查存在的"电话实名工作落实情况"问题进行通报，并要求进行整改。对于上述整改通知，Y公司及相关人员一直拒不改正，继续实施违反电话用户实名制、行业卡安全管理等相关规定的行为，也最终符合该罪的犯罪构成，被处以刑罚。

六、非法利用信息网络罪

（一）罪名解析

非法利用信息网络罪，是指利用信息网络实施设立用于实施诈骗、传授犯罪方法、制作或者销售违禁物品、管制物品等违法犯罪活动的网站、通讯群组；发布有关制作或者销售毒品、枪支、淫秽物品等违禁物品、管制物品或者其他违法犯罪信息；为实施诈骗等违法犯罪活动发布信息，有上述行为之一且情节严重的情形。

构成本罪"情节严重"，需要具有假冒国家机关、金融机构名义，设立用于实施违法犯罪活动的网站；设立违法犯罪网站或发布信息达到一定数量等情形，而对此相关司法解释也已经作出详细的规定。①

（二）典型案例——出售技术服务为何被认定为非法利用信息网络

朱某某于2019年建立专门提供"DDoS攻击"服务的平台网站，并有"青铜""黄金"等多种"套餐"可供选择，用户只需在该平台上下单，注明需要攻击的网站地址，在付费成功后，就可以像"网购"一样实现对目标网站的恶意攻击。朱某某利用该网站共获利人民币10万余元。2020年3月31日检察机关以被告人朱某某犯非法利用信息网络罪，向法院提起诉讼。法院经审理认定被告人朱某某犯非法利用信息网络罪，判处有期徒刑1年，罚金人民币5万元。

（三）案例评析

该案系北京市首例设立"DDoS攻击"服务平台的网络科技犯罪案件。"DDoS攻击"即分布式拒绝服务攻击，是指行为人控制数台至数千台不等的计算机信息系统并针对目标系统发起的网络攻击。通常，攻击者会生成大量数据包或请求，最终使目标计算机信息系统的网络或系统不堪重负、资源耗尽，使其提供的服务暂时中断、停止或瘫痪，导致用户无法正常访问，造成经济损失。"DDoS攻击"常伴随敲诈金钱、打击报复、同行恶意竞争等行为。如果行为人直接实施"DDoS攻击"并造成相应后果，会构成破坏计算机信息系统犯罪。本案中的行为人没有直接实施"DDoS攻击"，而是将"DDoS攻击"

---

① 详见最高人民法院、最高人民检察院《关于办理非法利用信息网络、帮助信息网络犯罪活动等刑事案件适用法律若干问题的解释》第十条。

服务等同于商品在涉案平台上出售，极大地增强了隐蔽性、加深了危害性，该行为符合法条中"发布相关违法犯罪信息"这一情节。本案对企业的启示在于，信息技术与服务层出不穷，新兴的技术服务很可能存在被司法机关认定为违法犯罪的风险。企业没有直接实施该技术操作，仅仅是在企业平台进行技术服务的出售，也会存在构成本罪的刑事风险。

七、帮助信息网络犯罪活动罪

（一）罪名解析

帮助信息网络犯罪活动罪，是指明知他人利用信息网络实施犯罪，为其犯罪提供互联网接入、服务器托管、网络存储、通讯传输等技术支持，或者提供广告推广、支付结算等帮助，情节严重的行为。

这一罪名是近年来数量激增的一种犯罪，截至2021年，根据有关数据显示，本罪甚至已经成了起诉数量位居第四的罪名。由于本罪处罚的是对他人利用信息网络实施犯罪的帮助行为，所以，是否明知他人行为是实施犯罪是认定本罪的重要因素。针对本罪的明知，相关司法解释作出除有相反证据外的"推定明知"，比如：经监管部门告知后仍然实施有关行为、接举报后不履行法定管理职责、交易价格或方式明显异常等足以认定行为人明知的情形。

（二）典型案例——研发出售理财软件缘何牵涉犯罪之中

Z公司开发了一系列的股票点买、股票配资软件App等软件，其中以15万元价格为Y公司开发设计一款名叫"惠理财"的股票配资软件App、和售后维护等技术支持，供Y公司（没有证券经营资质）进行股票交易，该App只接入国家证券金融市场股票数据但资金没有流入国家证券金融市场，股民资金没有第三方机构进行监管，完全没有保障。Y公司通过该App虚假平台赚取股民亏的钱、股民进行股票交易时的建仓费、股民配资产生的利息达到非法盈利的目的。因涉嫌帮助信息网络犯罪活动罪，Z公司的法人代表、高管及参与"惠理财"App软件设计销售维护的人员共八人被批准逮捕。

（三）案例评析

本案中，法院认定Z公司明知道其开发的"惠理财"App软件会被他人用于信息网络犯罪，仍为他人提供软件开发及技术维护支持，因此涉嫌帮助信息网络犯罪活动罪。法院判断他们主观上是否明知，主要依据是认为Z公司的人员都知道公司开发"虚实盘"软件，该类软件存在只接入国家证券金融市场股票数据但资金没有流入国家证券金融市场漏洞，会被他人利用去犯罪，故认定其是明知。

对于是否"明知"，司法机关一般会根据解析部分所提到的认定方式，结合当事人之间实际来往、联络、收取费用等情况，综合审查判断，对于符合推定条件的情况，则会认定行为人具有主观明知。事实上无论提供的软硬研发技术服务对象属于具体哪些行业，作为技术人员，本质上都会把主要精力放在数据模型的抽象、逻辑流程的实现上，例如为图书馆App系统实现检索功能，为非法提供贷款的网站实现检索功能，从程序员的角度看，编写代码、实现软件功能的过程是毫无差别的，本质上都是排序、检索算法。对于软件具体实现的业务需求和应用领域，作为软件工程师往往并不了解。金融行业的知识具有高度的专门性，在认定相关人员是否主观"明知"上，司法机关的入罪门槛或存在偏低现象，行为人可能存在并不理解具体业务在做什么，就被认定为主观上"明知"是犯罪。这也就倒逼提供研发技术服务的企业提高警惕，在软件实现的业务功能的合法性上提前做好合规工作，包括在需求文档中明确软件具体用途，在技术服务合同中明确对方业务内容，在相关部门提前做好备案等。

第三节　企业涉网犯罪的风险分析及防控

一、企业涉网犯罪风险分析

网络犯罪中技术行为的载体是计算机信息系统，各个信息系统之间、系统与用户之间不断产生交互，离不开的就是数据。因此，涉网犯罪的最大风险点在于数据风险。

（一）数据安全意识薄弱引发的风险

在虚拟空间与实体行为的深度融合中，人们的经济、生活、文化等诸多领域活动产生的行为数据、画像数据、财务数据等呈指数级增长，为了规避网络犯罪刑事风险，保护企业稳健发展，企业应当认识到日益凸显的企业数据安全风险。企业要意识到数据是数字经济的核心生产要素，也是企业生存发展的重要战略资源。企业核心数据本身具有脆弱性，不加强保护就容易造成核心数据的丢失、泄露与删改。通过破坏计算机信息系统的方式获取数据，或是侵入计算机信息系统非法删除、修改数据，都会严重侵害企业的生产经营活动。当然，企业在商业活动中严格受商业合同、网络权限与行业规范约束，因此不仅需要注意保护自身的数据安全，同时也要注意不侵犯其他企业的数据所有权与使用权。

（二）数据安全管理缺失引发的风险

企业数据安全保护，具备完善的内部数据安全管理制度必不可少。目前不少企业存在数据合规培训形式化、使用审批流程虚设、回收销毁流程缺失等问题，进而引发数据删改、泄露等风险。以海淀区检察院办理的案件情况为例，自2016年至2021年，企业内部人员侵犯数据安全犯罪案件共计21件涉78人，约占此类案件总数的44.7%。如韩某破坏计算机信息系统案，韩某系某科技公司财务数据库管理员，因对工作安排不满，利用其管理员权限登录系统，将财务数据及相关应用程序共计9TB内容删除，致使公司计算机信息系统在较长时间内无法访问。又如陈某某破坏计算机信息系统案，陈某某系某互联网企业员工，在职期间负责对该企业的网络广告系统进行维护，其在未经授权的情况下，对网络广告系统数据进行修改，删除企业设置的黑灰产网站链接黑名单，通过网络广告服务为黑灰产网站引流，非法获利人民币20余万元。这些案例都反映出相关企业存在数据安全管理制度方面的漏洞。

除了以上数据安全隐患，部分企业在商业合作与日常运营中，向第三方提供软件研发技术服务，向第三方购买技术解决方案、软硬件设施，因自身或者第三方数据安全管理制度缺失、从业人员素质参差不齐，技术保障措施存在漏洞等原因，给自己与合作方带来数据安全风险。如牛某某破坏计算机信息系统案，牛某某所在的第三方公司负责为某金融机构开发"数据防泄漏系统"，系统功能是防止内部人员将核心数据外传，牛某某提前在该系统植入恶意代码，致使"数据防泄露系统"无法正常工作，给公司造成经济损失。

二、防控建议

从涉网犯罪的各典型案例中我们可以看到，绝大部分涉网络犯罪都绕不开数据的收集、存储、传输、处理、使用等活动，而企业最核心的风险点也始终围绕着数据产生，因此，企业应当针对最基础的三个方面：数据收集、数据存储、数据处理，做好数据合规工作，降低涉罪风险。

（一）数据采集

1.直接面向用户采集数据。

（1）软件运行前具体的合规操作可采取如下方式进行：只在获得用户同意的前提下收集个人信息并打开可收集的个人信息权限；由用户主动选择勾选同意隐私政策等个人信息处理规则；在App首次运行时通过弹窗等明显方式提示用户阅读隐私政策等个人信息处理规则；不采用刻意增加用户阅读障碍的方式，如与界面背景色相近的字体颜色、过小的字号、过窄的行间距、利用其他固定窗口阻碍视线等方式展示隐私政策链。

（2）软件运行中具体的合规操作可采取如下方式进行：需要采集新的个人信息时，应当及时以明显的方式通知用户，比如更新隐私政策、需要采集通讯录、地理位置、浏览记录等用户操作系统中新的数据时，将数据采集以及处理规则及时告知并提醒用户阅读；只在用户授权同意范围或者某项具体业务功能提供的必要范围或频率处理个人信息；向用户明示个人信息更正、删除、撤回同意、账号注销等操作渠道；用户账号注销后，对其个人信息作删除或匿名化处理；为用户提供拒绝接收定向推送信息，或停止、退出、关闭相应功能的机制，或不基于个人信息和个性化推荐算法等推送的模式、选项。

2.面向第三方采集数据。

（1）如果第三方的数据是面向公众公开的，则可以抓取。但要注意如果采用爬虫等技术手段抓取，不能给提供公共数据的网站服务器增加访问负担，否则可能涉嫌破坏计算机信息系统罪。

（2）如果需要采集的数据属于私人所有的网站，则需要注意遵守Robots协议，否则可能面临不正当竞争之诉。

（二）数据存储与保护

1.对于仅允许采集而不允许存储的数据，绝不进行存储操作。

2.选择专业可靠的服务器与数据库，采取匹配的加密手段，对涉及用户隐私、国家安全的数据进行严格脱敏处理，并定期进行数据清理与维护。

3.严格执行网络安全等级保护。网络安全等级保护是所有网络运营者均需承担的义务。针对等级保护对象在国家安全、经济建设、社会生活中的重要程度，遭到破坏后对国家安全、社会秩序、公共利益以及公民、法人和其他组织的合法权益的危害程度等，将其由低到高划分为五个安全保护等级，并根据不同保护等级采取不同安全保护措施，将有限的资源合理分配在不同风险的保护对象之中，以防范对网络的攻击、侵入、干扰、破坏和非法使用以及意外事故，使网络处于稳定可靠运行的状态，并保障网络数据的完整性、保密性、可用性。

4.定期关注网络安全保护等级的动态变化，当等级保护对象因需求变化等原因导致局部调整而安全保护等级未改变时，应从安全运行与维护阶段返回安全设计与实施阶段，重新设计、调整和实施安全措施，以确保满足等级保护要求；当等级保护对象发生重大变更导致安全保护等级变化时，则需返回定级与备案环节，重新开始新一轮的网络安全等级保护的实施过程。

（三）数据处理与使用

1.在为第三方进行软件研发时，例如金融类App的研发，应当注意需在签订研发产品协议时明确App采集信息的种类、性质、App的具体应用场景等业务逻辑。由第三方做出明确承诺，不会将App用于违法犯罪活动。

2.企业本身定期对参与产品市场调研、需求分析、研发与销售等全流程人员展开培训，明确数据采集、存储与处理使用中的法律底线。

3.采集、存储或者处理敏感信息，需要按照工信部、市场监管等部门的要求，进行必要的脱敏操作，例如公共场合的人机交互界面不可以直接展示用户录入的指纹图样，而应该用技术手段先期模糊处理。

4.在App投放使用后应尽到注意义务，对用户或者第三方投诉及时响应，一旦发现违法风险应当立即明确责任，在责任范围内积极开展合规，消除不良影响，确保企业运营安全。

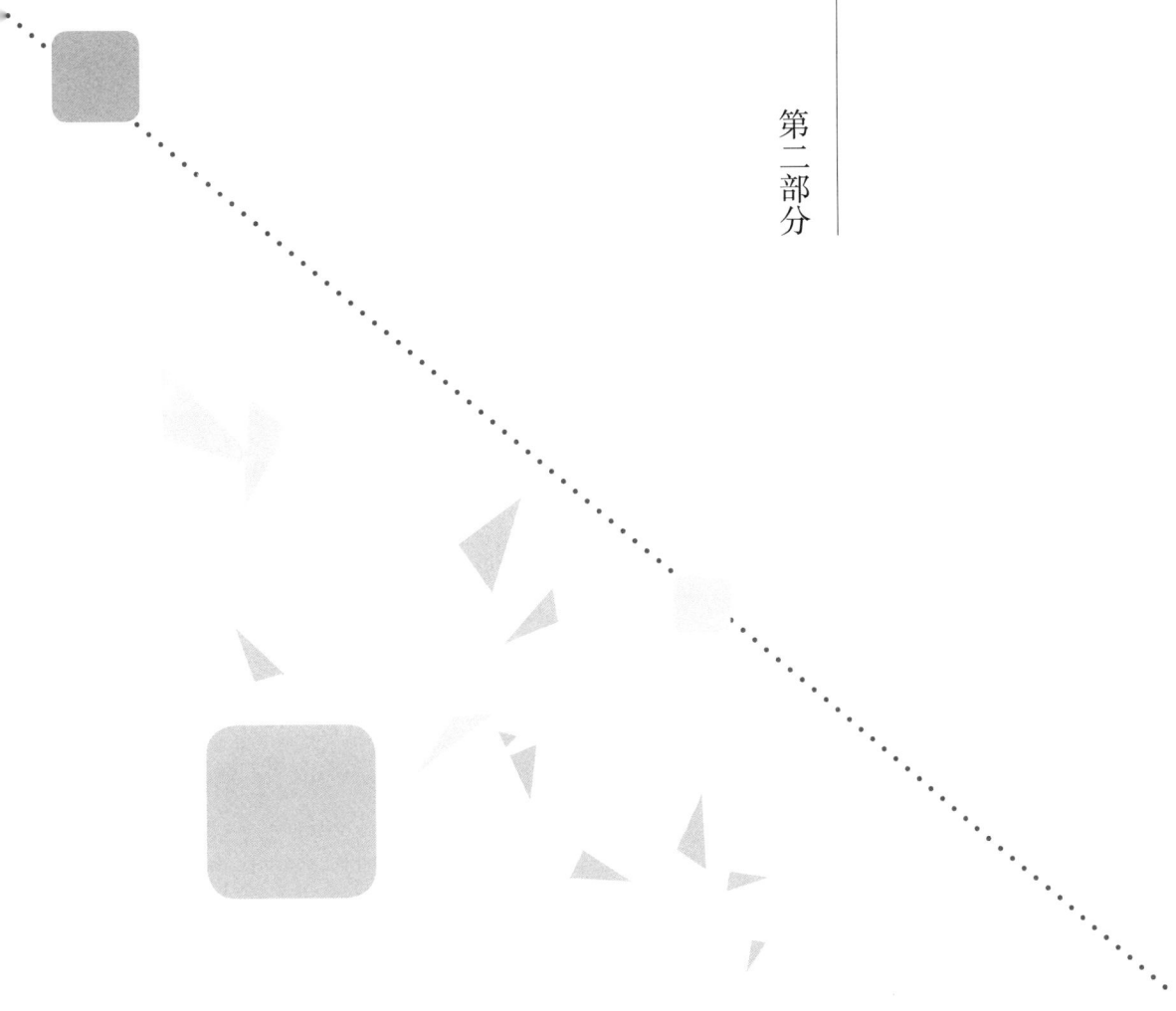

企业刑事合规概述

第二部分

≫ 第七章　企业刑事合规概要

本书第一部分详细分析了企业面临的六大类刑事风险，也讲述了防范有关刑事风险的一些方法。那么，当企业或相关人员真的涉嫌刑事犯罪后，是否有行之有效的途径，纠正违法行为，减轻或免除刑事处罚呢？这正是本书后续章节要为读者呈现的内容。

下面案例是最高人民检察院于2021年12月发布的第二批企业合规典型案例之一，Z公司康某某等人重大责任事故案。通过解读这一案例，对企业刑事合规就会有一个全面的了解。

基本案情

Z公司系当地重点引进的外资在华食品加工企业，康某某、周某某、朱某某分别系该公司行政总监、安环部责任人、行政部负责人。

2020年4月15日，Z公司与某保洁经营部法定代表人曹某某签订污水沟清理协议，将食品厂洗衣房至污水站下水道、污水沟内垃圾、污泥的清理工作交由曹某某承包。2020年4月23日，曹某某与其同事刘某某违规进入未将盖板挖开的污水沟内作业时，有硫化氢等有毒气体溢出，导致二人与前来救助的吴某某先后中毒身亡。政府事故调查组经调查后认定该事故为一起生产安全责任事故。曹某某作为清污工程的承包方，不具备有限空间作业的安全生产条件，在未为作业人员配备应急救援装备及物资，未对作业人员进行安全培训的情况下，违规从事污水沟清淤作业，导致事故发生，对事故负有直接责任。康某某、周某某、朱某某作为Z公司分管和负责安全生产的责任人，在与曹某某签订合同以及曹某某实施清污工程期间把关不严，未认真履行相关工作职责，未及时发现事故隐患，导致发生较大生产安全事故。案发后，康某某、周某某、朱某某先后被公安机关采取取保候审措施，Z公司分别对曹某某等三人的家属进行赔偿，取得了谅解。2021年1月22日，公安机关以康某某、周某某、朱某某涉嫌重大责任事故罪移送检察机关审查起诉。

企业合规整改情况及效果

一是审查启动企业合规考察。检察机关经审查认为，康某某等人涉嫌重大责任事故罪，属于企业人员在生产经营履职过程中的过失犯罪，同时反映出涉案企业存在安全生产管理制度不健全、操作规程执行不到位等问题。事故报告认定被害人曹某某对事故负有直接责任，结合三名犯罪嫌疑人的相应管理职责，应当属于次要责任。三人认罪认罚，有自首情节，依法可以从宽、减轻处罚。Z公司系外资在华企业，是当地引进的重点企业，每年依法纳税，并解决2500余人的就业问题，对当地经济助力很大。且Z公司所属集团正在积极准备上市，如果公司管理人员被判刑，对公司发展将造成较大影响。2021年5月，检察机关征询Z公司意见后，Z公司提交了开展企业合规的申请书、书面合规承诺以及企业经营状况、纳税就业、社会贡献度等证明材料，检察机关经审查对Z公司作出合规考察决定。

二是精心组织第三方监督评估。检察机关委托当地应急管理局、市场监督管理局、工商联等第三方监督评估机制管委会成员单位以及安全生产协会，共同组成了第三方监督评估组织。第三方组织指导涉案企业结合事故调查报告和整改要求，按照合规管理体系的标准格式制定、完善合规计划；建立以法定代表人为负责人、企业部门全覆盖的合规组织架构；健全企业经营管理需接受合规审查和评估的审查监督、风险预警机制；完善安全生产管理制度和定期检查排查机制，从制度上预防安全事故再发生，初步形成安全生产领域"合规模板"。Z公司在合规监管过程中积极整改并向第三方组织书面汇报合规计划实施情况。2021年8月，第三方组织对Z公司合规整改及合规建设情况进行评估，并报第三方机制管委会审核，Z公司通过企业合规考察。

三是公开听证依法作出不起诉决定。检察机关在收到评估报告和审核意见后组织召开公开听证会，邀请省人大代表、省政协委员、人民监督员、公安机关和行政监管部门代表、工商联代表以及第三方组织代表参加听证，参会人员一致同意检察机关对康某某等三人作不起诉处理。2021年8月24日，检察机关依法对康某某、周某某、朱某某作出不起诉决定。

Z公司通过开展合规建设，逐步建立起完备的生产经营、安全防范、合规内控的管理体系，企业管理人员和员工的安全生产意识和责任感明显增强，生产效益得到进一步提升。

第一节　企业刑事合规的概念和意义

一、什么是企业刑事合规

本章开篇我们援引了一个案例，从这个案例可以看出，Z公司的康某某等三名管理人员，从涉罪面临起诉到检察机关作出不起诉决定而告终，显现出了三个关键性内容：

第一，企业刑事合规是企业在进入到刑事诉讼后发生的。

这个案例是一个刑事案例，不是普通的商业案例或者民商事诉讼案例。这与通常所说的企业大合规、刑事风控是有显著不同的。大合规、刑事风控是企业主动开展的，发生在刑事诉讼发生之前，相关工作的主导者是企业自身。一般是企业在经营管理过程中，主动加入合规、风控等体系构建，预防未发生的合规风险或刑事风险。而在刑事合规中，刑事风险已经变为现实，企业成为被追究刑事责任的对象，其主导者已经不是企业自身了，而是司法机关。司法机关在对案件进行评估后，才可能指导企业开展刑事合规建设。

第二，企业刑事合规是针对违法事项所进行的专项合规整改。

案例中对合规建设的具体内容描述不多，但是也可以管窥合规整改的内容。Z公司的合规计划是结合事故调查报告和整改要求来制定、完善的，其中重要的一部分内容是，"完善安全生产管理制度和定期检查排查机制，从制度上预防安全事故再发生"。同时，第三方监督评估组织中，应急管理局、安全生产协会等安全生产领域的单位也是重要成员。最后Z公司严格按照合规计划完成了合规整改，并通过了企业合规考察。也就是说，合规计划、合规整改基本上是围绕着安全生产而进行的，这与Z公司所涉嫌的重大责任事故罪是紧密相关的。这与企业大合规和刑事风控所针对的企业全面合规风险或刑事风险截然不同。

第三，企业刑事合规可以起到免除或减轻处罚的效果。

Z公司在合规整改之后，检察机关在组织听证会的基础上，依法对康某某等三人作出了不起诉决定。作为Z公司的管理人员，康某某等人对已发生重大责任事故负有直接责任，本是已经触犯刑法需要追究刑事责任的，但是通过对Z公司进行合规整改，涉案三人换取了检察机关的不起诉处理。本案虽不涉及企业刑事责任，但是如果企业涉嫌刑事犯罪，合规整改也可以起到同样的效果。所以说，刑事合规对于深陷刑事诉讼的企业和企业有关人员而言，其最大的价值在于可以获得司法机关的从轻处理。

总结这个典型案例的三个方面，我们可以得出企业刑事合规的基本概念，它是指企业自身及企业有关人员在生产经营过程中，违反刑事法律规定，可能受到刑罚制裁，但经司法机关批准，可以对违法事项进行合规性整改，重新建立合规体系，如能纠正违法行为、修复受损法益，经过社会监管机构考核评定，司法机关可以对涉案企业及人员免予或者减轻刑事处罚，从而达到保护市场经营主体，维护经济发展和社会稳定的目的。

二、企业刑事合规有什么意义

（一）有利于企业更好地经营发展

以刑事合规换取对企业和企业有关人员不起诉或从轻处罚，对于企业而言就是最大、最直接的价值。在企业面临的众多法律风险中，刑事法律风险是最为致命的。企业一旦被判处刑罚，可能要面临巨额的罚金，资金链可能断裂，有"前科"的企业还会在一定期限内无法正常参与招投标活动，无法从银行等金融机构获取贷款，生产经营陷入困顿，甚至濒临破产、倒闭。另外，对于上市公司而言，如果企业涉嫌刑事犯罪还会对企业市值产生巨大的冲击，在被调查或被判处刑罚后，还可能退市。如果定罪判刑成为不可避免的结果，那么从轻处罚对于企业也是十分有利的。企业主管人员、关键岗位负责人被判处缓刑或者短期自由刑，企业就能够很快地恢复至案发前的良好经营状态，避免陷入停滞，乃至瘫痪。

从案例中还可以看到的是，对于Z公司而言，刑事合规在诉讼结果上给公司带来益处的同时，也对公司的长远发展产生了积极的影响。"Z公司通过开展合规建设，逐步建立起完备的生产经营、安全防范、合规内控的管理体系，企业管理人员和员工的安全生产意识和责任感明显增强，生产效益得到进一步提升。"企业大力加强刑事合规建设，通过各项规章制度的建立、合规组织的构建，合规机制的健全，可以有效改善企业内部治理结构，优化管理运营模式。而且，及时的预警机制可以堵塞违法漏洞，预防犯罪行为的发生；准确的识别和发现机制，能够及时查处、遏制已经出现的苗头性犯罪，最大限度地降低刑事法律风险带给企业的各项损失。也就是说，企业刑事合规能够进一步增强企业的竞争力，实现企业长远发展的目标。

另外，对于想走出国门，迈向国际市场的企业，刑事合规也是值得重点关注的问题。在最高检发布的第一批企业合规试点典型案例中，还有一个王某某等人对非国家工作人员行贿案。在国内，商业贿赂是刑法严厉禁止的行为，在国外同样也是重点打击的犯罪。近年来，美国司法部依据《反海外腐败法》（FCPA）对海外贿赂行为的查处力度越来越强。美国司法部对很多跨国企业开展调查，若存在行贿行为会严重影响企业的商业形象和社会声誉，给企业带来巨大的经济损失，相关事件的责任人也会卷入刑事诉讼，受到刑法制裁。除了商业贿赂之外，世界银行等一些国际组织也会对活跃在国际市场上的不合规企业实施经济制裁。如果参与世界银行项目的公司存在腐败、欺诈、串通等不当行为，世界银行可以对其实施制裁，甚至可能会永久取消被制裁方参与世界银行项目的资格。随着经济全球化的不断发展和改革开放的不断深入，我国经济与世界经济越发紧密地连接在一起。中国企业也逐步走向国际化，从国内市场发展至国际市场，而境外的刑事合规立法、执法越来越趋于严格。面对不同国家的不同法治环境，企业刑事合规的国际化意义也十分重大，刻不容缓。因此，企业刑事合规已经成为企业防控自身犯罪、提升可持续发展能力、迈向国际市场必要的风险内控手段。

（二）有利于社会经济稳定

案例中："Z公司系外资在华企业，是当地引进的重点企业，每年依法纳税，并解决2500余人的就业问题，对当地经济助力很大。公司所属集团正在积极准备上市，如果公司管理人员被判刑，对公司发展将造成较大影响。"这是检察机关对Z公司进行合规不起诉的重要考量。企业一旦出现违法行为，遭到有关机关的查处，尤其是触犯刑法的犯罪行为被发现、被处理，将面临声誉、经济等多方面的损失，甚至导致企业破产、员工失业等严重后果。这对于国家经济、社会稳定也是十分不利的，极易带来严重的社会风险。近年来，党中央始终要求做好"六稳"工作、落实"六保"任务。"六稳""六保"最重要的是稳就业、保就业，关键在于保企业。企业刑事合规在这样的大背景下，有利于轻微违法企业继续生产经营，防止刑法过度打击，导致企业破产。这对于实现企业"活下来""留得住""经营得好"的目标具有至关重要的作用。

第二节　企业刑事合规的域外发展

谈到刑事合规，就必定要把目光转向域外，因为刑事合规本身就是一个产生于域外的概念。而且在国内企业合规正在如火如荼开展的情况下，域外企业刑事合规的发展以及做法对我们理解国内企业刑事合规具有很强的借鉴意义。

一、美国的企业刑事合规

我们首先来看一个美国暂缓起诉案件。

2021年10月29日，美国司法部在官网宣布，某电器公司和其达成了暂缓起诉协议（DPA），该公司还同意为此支付9100万美元（约合5.83亿元人民币）。

公开资料显示，2013年9月，该公司在美国和加拿大召回12个品牌的超过225万台除湿机。原因在于这些机器可能过热并导致冒烟起火。

该公司在发现已销售的产品存在缺陷并引发严重后果之后，未向有关机关履行报告义务，仍然继续销售，违反了相关刑事法律规定，面临着被起诉定罪的风险。此时，该公司与美国司法部达成暂缓起诉协议（DPA），通过赔偿消费者损失、缴纳罚款，以及加强合规项目和报告要求等方式，避免了被法院审判定罪。当然，案件需要在三年之后才能正式终结。但无论如何，暂缓起诉对于涉嫌犯罪的企业都是一种相对优待的处理方式。

那么什么是暂缓起诉协议呢？暂缓起诉协议，又被称为"延缓起诉协议"，协议的双方是检察机关与涉嫌犯罪的企业，双方通过协商达成合意，只要企业认真履行相关协议内容，检察机关就可以终结案件不再起诉。而这一协议的内容一般包括检察机关设置的考验期、缴纳高额罚款建立或完善合规计划、接受检察机关派驻的合规监察官监督、定期向检察机关报告建立完善合规计划的进展情况，等等。

暂缓起诉大规模适用是从2003年开始的。那时，美国司法部发布了《联邦商业组织起诉原则》（又称"汤普森备忘录"），其中规定了联邦检察官对涉嫌犯罪的企业可以适用暂缓起诉协议。这一规定为检察官大规模适用暂缓起诉提供了明确的指引。

之所以设置这一起诉模式，主要是缘于2002年的安达信案件。安达信曾是顶级的会计师事务所，因为涉嫌参与安然公司财务造假事件，销毁相关财务资料，并拒绝认罪协商，安达信被指控犯有妨碍司法罪并被判定有罪，最终被判处50万美元罚金，并禁止其在五年内从事业务。至此，安达信失去了公共审计业务资格，导致数万名员工失业，最终倒闭。安达信案件形成了典型的"水波效应"，企业倒闭、员工失业、经济严重受损，失去了司法所应有的社会效益。因此，美国司法部开始考虑，采用暂缓起诉方式克服因企业被定罪所带来的负面影响。

二、英国的企业刑事合规

（一）暂缓起诉制度

英国也有暂缓起诉制度，暂缓起诉协议同样是检察官与涉案企业双方协商后形成的。与美国有所不同的是，英国的暂缓起诉制度中，法院会有举足轻重的作用。协议签订后，法院会介入进行审查，符合有关法律要求的协议才会被批准，在协议执行的过程中，法院也会持续对执行情况进行监督。协议的内容同样要包括：具体的罚款数额、赔偿被害方损失、支付检察机关的相关费用、配合调查工作、遵守有关的禁止性规定、建立更为有效的合规计划，等等。

（二）合规作为无罪抗辩理由

英国于2011年通过了《反贿赂法》，其中确立了"商业组织预防贿赂失职罪"，只要一个商业组织的有关人员，向他人行贿，而行贿的目的与该组织的利益有关联，那么这个商业组织就应当承担行贿的刑事责任。在刑法理论中，这属于严格责任。企业的职员只要发生行贿行为，不论企业本身是否有过错，司法机关均要追究企业的刑事责任。越是大型的企业，员工数量越多，可能发生行贿行为的概率就越高，在这样的法律规定下，企业面临着被定罪的极大风险。这显然是不公平的。为此，英国的法律也赋予企业提出无罪抗辩的机会，企业只要建立了反腐败合规体系，切实采取了预防行贿行为发生的措施，就可以以此为脱罪的理由，免于承担刑事责任。也就是说，在英国的反腐败法律制度下，合规成为企业摆脱罪责、用以无罪抗辩的法定事由，也在事实上成为企业必须履行的一项法律义务。

三、其他国家的刑事合规制度

诸如法国、新加坡、澳大利亚、加拿大等国家也都确立了暂缓起诉制度。涉案企业会与检察机关达成协议，内容基本都会包括缴纳巨额罚款、制定并实施有效的合规计划、对受害者进行赔偿、配合相关调查工作等。如果涉案企业认真履行了协议的内容，那么，检察机关会撤销起诉，案件会就此终结，企业则避免被审判定罪。新加坡、澳大利亚、加拿大等地的法院也会介入到暂缓起诉的流程中，来确保协议的制定是公平合理的。

第三节　企业刑事合规的国内现状

我国企业刑事合规发展较晚。早些年，刑事合规理论研究也较为薄弱。自2020年开始，我国的司法机关，尤其是以最高人民检察院为代表的检察系统，为贯彻落实"六稳""六保"工作，充分发挥检察职能作用，服务保障经济社会高质量发展，开始高度关注企业刑事合规，开展了一系列的司法实践。

2020年3月，最高检部署在上海浦东、金山，江苏张家港，山东郯城，广东深圳南山、宝安六家基层检察院，试点开展"企业犯罪相对不诉适用机制改革"。以相对不起诉激励和督促涉罪企业通过全面整改完善合规管控体系，提升企业依法合规管理水平。企业刑事合规在实践中开始了有计划的试点应用。

到了2020年9月10日，各地的刑事合规试点工作已开展半年有余。为了发现问题、总结经验，为接下来的合规试点提出调整预案，最高人民检察院检察理论研究所在广东省深圳市宝安区主办"企业刑事合规与司法环境优化研讨会"，最高人民检察院有关领导在会上发表重要讲话，指出检察机关在做好指控证明犯罪的同时，要积极参与社会治理，助力各类企业依法开展刑事合规管理。要积极向企业提出检察建议，帮助企业建立完善规章制度，既依法办事、规范经营，又提高自我保护意识，有效防控重大法律风险，提高企业经营管理法治化水平。

2020年11月下旬，最高检召开专题会议，决定成立企业合规问题研究指导组，统筹推进企业合规问题的理论研究和实务指导，确保相关工作严格依法、稳妥有序。

2020年12月25日，最高人民检察院专门召开"企业合规试点工作座谈会"，强调要"严格依法推进试点"——"要落实好认罪认罚从宽制度，对于不捕、不诉的企业，可以敦促其作出合规承诺""要把合规承诺与'挂案'清理工作结合起来，给涉案企业一个明确的整改方向""刑事处罚和行政处罚要衔接好，督促涉案企业把合规承诺落实到位"。

2021年1月10日第十五次全国检察工作会议提出，依法推进企业合规管理试点，在实践中取得经验后，向立法机关请求、建议修改相关法律。

2021年3月8日，最高人民检察院在全国人民代表大会上所作的工作报告中提及了企业刑事合规的重要性，指出"对企业负责人涉经营类犯罪，依法能不捕的不捕、能不诉的不诉、能不判实刑的提出适用缓刑建议，同时探索督促涉案企业合规管理，促进'严管'制度化，不让'厚爱'被滥用"。

2021年4月初，最高人民检察院启动第二期企业合规改革试点工作。第二期改革试点范围较第一期有所扩大，涉及北京、辽宁、上海、江苏、浙江、福建、山东、湖北、湖南、广东等10个省（直辖市）。截至2021年7月，10个省级院已选取确定27个市级院165个基层院作为试点院开展改革，各项相关工作正在稳步推进。第二批试点方案内容丰富，规定细致，其要求检察机关对涉企案件，在依法贯彻相关检察政策的同时，督促企业建立合规制度，履行合规承诺；提出企业合规建设意见和建议，包括整改方向和意见，并促进"挂案"清理工作，依法平等保护企业合法权益；对符合刑事诉讼法规定的不起诉案件，做到应听证尽听证。同时明确，各试点单位应当结合本地实际，探索建立企业合规第三方监管机制。通过第三方监管，监督、促进企业践行合规承诺。检察机关要定期检查合规建设情况，并根据案件具体情况依法作出相应处理。

2021年6月3日，最高人民检察院举行"依法督促涉案企业合规管理将严管厚爱落到实处"新闻发布会，发布《关于建立涉案企业合规第三方监督评估机制的指导意见（试行）》（以下简称《意见》）。《意见》在总结前期试点工作经验，研判不同模式利弊得失的基础上，探索建立"检察主导、各方参与、客观中立、强化监督"的第三方监督评估机制，护航企业合规经营、行稳致远。另外，在此次发布会上，最高人民检察院总结前期企业合规试点经验，发布了企业合规试点典型案例，力求发挥案例的示范和引领作用。指导检察机关下一步开展试点活动，规范试点工作在法律范围内进行。

2021年9月3日，在检察机关的积极努力和有关各方的支持配合下，涉案企业合规第三方监督评估机制管理委员会正式成立。当天下午，涉案企业合规第三方监督评估机制管理委员会在京召开第一次联席会议。

2021年12月15日，最高人民检察院及时总结改革实践中的成功经验，选出6件不同类型的案例，作为第二批企业合规典型案例对外发布。相较第一批案例，此次发布的案例涉及面更广、内容更丰富，为企业合规实践提供了更为有价值的参考。

2022年1月17日，最高人民检察院召开的全国检察长（扩大）会议，指出涉案企业合规改革第二批试点于今年3月结束，最高检将总结经验，在全国检察机关全面推开。

2022年4月2日，最高人民检察院会同全国工商联专门召开会议正式"官宣"——涉案企业合规改革试点在全国检察机关全面推开。最高检将在总结各地试点情况基础上，加强涉企业犯罪附条件不起诉制度必要性、可行性研究，适时推动完善立法。2022年8月10日，最高人民检察院发布第三批涉案企业合规典型案例。这是2022年4月最高人民检察院部署在全国范围全面推开涉案企业合规改革试点工作之后，首次发布涉案企业合规典型案例。该批典型案例的选取充分考虑了大中小微不同企业类型合规特点，既有针对大中型企业开展的专项合规，也有对小微企业开展的简式合规，典型案例更具代表性。①

在最高人民检察院的推动下，众多律师事务所建立合规中心、合

---

①以上企业合规试点改革工作的详细内容可参见《检察日报》。

规研究院，甚至有些专门以合规作为主要业务的律师事务所成立。关于企业合规的论坛也不断举办。各方力量纷纷参与到企业刑事合规的实践中，极大地推动了我国企业刑事合规的发展。

第四节 中国企业刑事合规的基本流程

如前所述，中国企业合规试点工作现正在稳步进行中。2021年6月4日最高人民检察院发布《关于建立涉案企业合规第三方监督评估机制的指导意见（试行）》（以下简称《意见》）。至此，企业刑事合规过程中适用第三方监督评估机制的模式得到了最高检的官方认可。在最高检第四检察厅负责人就《企业合规典型案例（第二批）》答记者问中提到，"截至11月底10个试点省份共办理涉案企业合规案件525件，其中适用第三方监督评估机制案件254件"，第二批6个典型案例也均是适用第三方机制的案例。事实上，未适用第三方机制的合规案件，只是简化了企业刑事合规的流程。可以这么说，一个完整、规范的企业刑事合规，应当在《意见》的指引下适用第三方机制来完成，第三方机制的确立，在大框架下确立了企业刑事合规的基本流程。

根据《意见》及典型案例的具体内容，可以将企业刑事合规流程简单划分为四个步骤，即企业刑事合规启动、合规建设及合规考察、合规验收、作出处理决定。

一、企业刑事合规启动

涉企犯罪案件在检察机关受理后，企业刑事合规便具备了启动的时间条件。此时，检察机关可以主动审查案件，也会征询涉案企业、个人的意见。如果案件符合启动合规的条件，便可依职权启动刑事合规工作。涉案企业、个人及其辩护人、诉讼代理人或者其他相关单位、人员也可以主动向检察机关申请启动合规，由检察机关受理并审查后，决定是否启动合规。总之，无论是检察机关依职权审查，还是依当事人申请审查，企业刑事合规的启动都需要检察机关来决定。

企业刑事合规启动还需要具备一定的条件，《意见》对此相应地规定了三个条件：

第一，涉案企业、个人认罪认罚。

认罪表明涉案企业、个人认识到自身所存在的犯罪问题，并且与检察院等司法机关达成一致认识，对犯罪的事实没有分歧。这是合规的前提条件，因为合规所要整改的就是企业自身在犯罪中所暴露的经营管理漏洞。如果涉案企业、个人不认罪，那么说明犯罪事实仍有待最终确认，合规就无从谈起，更无法得到涉案企业、个人的配合。认罚则表明企业愿意消除犯罪所造成的不良后果，弥补所造成的损失，并承担相应的责任。比如愿意补缴税款、恢复环境、接受行政罚款等。这是合规之后得以从轻处理的基础之一。

目前，企业刑事合规仍处于试点中，但其与认罪认罚制度有高度的契合。只有认罪认罚，后续检察机关才有可能进一步结合合规整改的效果，作出从轻或减轻处罚的决定。

第二，涉案企业能够正常生产经营，承诺建立或者完善企业合规制度，具备启动第三方机制的基本条件。

刑事合规的价值之一在于尽可能挽救涉案企业，保障经济稳定，提升司法的社会效益。涉案企业如果不能正常生产经营，已经破产、倒闭或濒临破产、倒闭，那么就失去了挽救的必要性和可能性，合规的价值也就不复存在。启动第三方机制的基本条件一般认为包括业务领域、员工数量、缴税多少、营利营收等多方面的情况，这些都与认定企业是否具备挽救必要性息息相关。在正常生产经营条件下，涉案企业、个人承诺建立或完善企业的合规制度也是必要的，因为合规整改必须得到涉案企业、个人的配合，检察机关或第三方组织不可能强行对企业进行合规整改。

第三，涉案企业自愿适用第三方机制。

这一点与涉案企业、个人承诺一样，都是要求涉案企业、个人积极配合，以顺利完成第三方监督评估，实现整改的有效性。

同时，《意见》也从反面规定了不能启动企业刑事合规的情形，包括"个人为进行违法犯罪活动而设立公司、企业的；公司、企业设立后以实施犯罪为主要活动的；公司、企业人员盗用单位名义实施犯罪的；涉嫌危害国家安全犯罪、恐怖活动犯罪的；其他不宜适用的情形"。

综上，企业刑事合规的启动，要求涉案企业、个人符合一定条件，然后检察机关依职权或依申请，决定是否启动。

二、合规建设及合规考察

合规建设是企业刑事合规的最核心的内容。合规体系的构建并非一朝一夕，无法一蹴而就。为了构建有效的合规体系、符合第三方监督评估组织的验收标准，必须分步骤、有计划地完成合规建设。

第一，提交专项或者多项合规计划，并明确合规计划的承诺完成时限。

《意见》第十一条对此做了明确规定。一般而言，企业涉嫌刑事犯罪必然是存在某一方面或某些方面的经营管理漏洞，围绕与企业涉嫌犯罪有密切联系的企业内部治理结构、规章制度、人员管理等方面存在的问题，进行专项或多项合规整改才能够弥补漏洞，防止再次发生相同或者类似的违法犯罪。

"凡事预则立，不预则废。"

合规建设的第一步是制定详尽的合规计划，并承诺完成时限，为合规整改做充足的准备。

第二，接受第三方组织对合规计划的审查和建议。

第三方组织在合规建设中起监督作用，因此合规计划必须经由第三方组织审查，涉案企业也应当接受第三方组织提出的意见建议。第三方组织主要针对合规计划的可行性、有效性与全面性进行审查。同时，第三方组织还有权设定合规考察期限。当然，在这个过程中，涉案企业可以积极与第三方组织沟通，争取相应的帮助，达成一致意见，以促成合规计划的最终确立。

第三，接受第三方组织对合规计划履行情况的检查、评估并提交报告。

在合规建设过程中，合规计划可能会设定为几个阶段执行，在不同的阶段也会显示出不同的合规效果。第三方组织可以定期或不定期对合规计划履行情况进行检查和评估，也可以要求企业书面报告执行情况，并抄送办案的检察机关。在企业合规试点探索中，就存在考察三次并出具报告的情况。例如，在深圳检察机关办理的某案件中，独立监控人在整个合规考察期内，针对涉案企业的合规整改情况出具了三期监督考察报告。[①]当时该案件仍处于企业合规模式探索阶段，独立监控人深度介入并协助企业进行合规整改。在《意见》公布后，第三方组织的监督作用得以强化，涉案企业定期或不定期接受检查、评估并提交报告会成为常态。

三、合规验收

在合规计划按期履行完成后，涉案企业应当接受第三方组织的全面检查、评估和考核。此时，第三方组织会采用书面审查、召开座谈会、个别访谈等方式开展工作，涉案企业应当充分重视并予以密切配合。在试点地区，检察机关也会实地走访涉案企业，全面、直观地了解合规成果。最终，第三方组织会制作合规考察书面报告，报送负责选任第三方组织的第三方机制管委会和负责办理案件的人民检察院。书面报告会作为检察机关作出最终处理决定的参考之一。

---

① 李英华、彭振、熊哲菱：《当好"老娘舅"，让企业走得稳走得远——深圳市宝安区检察院积极推进企业合规试点工作一年间》，《检察日报》2021年5月25日，第5版。

四、作出处理决定

企业刑事合规的工作成果最终还是要落脚于检察机关的处理。在合规考察期间，第三方组织及涉案企业所形成的报告会定期递交给办案的检察机关。这些前期的所有工作成果都会成为检察机关作出决定的重要参考。在此基础上，检察机关还可以决定是否召开听证会，以进一步加强决定的合理性。目前，最高人民检察院对于听证越来越重视，提出了"应听尽听"的要求。各级人民检察院也会逐步加强听证工作。就企业刑事合规而言，涉案企业、个人应当牢牢把握听证机会，向检察机关完整报告合规整改的经过和最终效果，争取最佳的处理结果。

≫ 第八章　企业刑事合规中的律师角色

　　党的十九大以来，国家积极倡导为企业发展创造良好的法治环境，企业刑事合规受到越来越多的关注。从企业视角来看，合规是为了保证所有职员行为合法的整体性组织措施；从国家层面来看，合规是保证企业守法、保护的法益制度工具。合规计划将刑法的威慑力由企业外部贯彻落实到企业内部，不仅缓解了刑法外部治理的压力与负担，而且有效预防并制止了企业内部的违法犯罪行为，同时避免企业因非理性的刑事干预遭受不必要的损失。正因如此，合规计划早已在很多国家成为影响犯罪企业刑事诉讼与刑罚裁量的法定因素。

　　如前章所述，2020年开始，我国检察机关参考域外经验，针对民营企业探索构建本土化的企业合规刑法激励机制。在这一过程中，需要一个兼具公司治理和法律专业双重技能的角色在企业与司法机关之间建立连接，帮助企业完善内部治理，协助司法机关完成检查监督。由此，律师参与企业刑事合规业务应运而生，律师的作用也不断凸显出来，不再限于以往法务、辩护人与代理人的身份，而在企业刑事合规中，也发挥出独特价值。尤其是最高人民检察院、司法部、财政部等九部委联合印发的《关于建立涉案企业合规第三方监督评估机制的指导意见（试行）》（以下简称《意见》），对企业合规制度中的第三方机制作了较为详细的规定。其中第十条第二款规定，"第三方机制管委会应当根据案件具体情况以及涉案企业类型，从专业人员名录库中分类随机抽取人员组成第三方组织"，加之第三条规定本机制的适用案件范围为涉企经济犯罪、职务犯罪案件，这意味着在刑事案件中占有重要地位的律师，也将作为第三方组织中不可或缺的一员，在第三方机制中发挥至关重要的作用。

综上，《意见》的施行，使得律师在企业刑事合规中将主要以两种角色发挥作用：一是作为第三方组织的成员，即第三方组织中的合规监管人，在企业出现刑事风险事件时，接受委派履行监管人职责，监督好企业的刑事合规建设；二是涉案企业和人员的合规顾问，参与涉罪企业的刑事合规工作，作为检察机关和企业之间的媒介，协助企业完成刑事合规整改。两种角色的职能各不相同，权利义务不可混淆。本章将重点对律师"合规顾问"和"第三方组织中的合规监管人"的身份职能作出介绍。

第一节　涉案企业的刑事合规顾问

H集团有限公司是一家位列中国五百强的大型国有企业。该公司曾参加由世界银行资助的一起道路翻修项目的竞标，并提供了全套旨在证明自身具有施工经验和竞争实力的证据材料。世界银行廉政局（INT）经过审查发现，该公司在竞标时提交的业务经验文件是不真实的，构成了《世界银行集团诚信合规指引》所定义的欺诈行为。对此，该集团予以承认，并配合了世界银行的调查。2013年10月，世界银行对该公司作出了"附解除条件的取消资格"两年的制裁决定。根据这份制裁决定，该集团（包括其关联企业）在两年内不得参与世界银行资助的项目，也不得因世界银行贷款而获得收益。两年期满后，该公司满足以下两个条件的，就可以申请恢复资格：一是针对被制裁的违规行为采取了适当的补救措施；二是建立并执行了符合世界银行要求的、有效的诚信合规计划。世界银行的制裁给该集团既造成了贷款融资上的困难，也造成了声誉上的重大损失。为挽回声誉，避免更大损失，解除制裁，该集团在世界银行的监控和指导下开始了建立有效合规计划的行动，多位精英律师参与组成该集团的合规团队，对企业进行合规审查和建设。2017年6月29日，该集团合规团队的努力得到了世界银行的认可，收到了世界银行的解除制裁通知书。这意味着，律师作为涉案企业的刑事合规顾问起到了非常重要的作用。

随着企业走出去的趋势越来越明显，我国企业对企业合规的需求也会越来越大。中小民营企业对企业合规的需求，在实践中通常都是相关企业面临被行政查处或者被刑事立案审查的情况下，求助于律师排忧解难，都是刚需。

当前多数企业都聘请了专业律师作为企业的法律顾问，传统的法律顾问的工作重点多限于合同审查、对企业的单一诉讼或单项法律事务进行服务等范畴，在刑事领域则表现为企业发生了刑事法律事件后，由法律顾问作为辩护人或代理人参与企业的刑事诉讼程序，进行事后的补救。但伴随着企业刑事合规制度的建立，在企业发生涉罪事件后，律师对于企业而言身份则是双重的，既可以是涉案企业的辩护人、诉讼代理人，同时也是企业刑事合规顾问，相较之下，作为辩护人、诉讼代理人，其职责相对单一，而刑事合规顾问则不同，从事后介入的角度而言，刑事合规顾问可在以下方面发挥其作用：

第一，厘清违规行为性质，判断是否符合第三方机制条件。

第二，对于认为符合条件的，提出适用企业合规和第三方机制的申请。《意见》第十条第一款规定，涉案企业、个人及其辩护人、诉讼代理人或者其他相关单位、人员提出适用企业合规试点以及第三方机制申请的，人民检察院应当依法受理并进行审查。

第三，参与合规计划专业团队，协助制定企业合规计划。《意见》第十一条第二款规定，涉案企业提交的合规计划，主要围绕与企业涉嫌犯罪有密切联系的企业内部治理结构、规章制度、人员管理等方面存在的问题，制定可行的合规管理规范，构建有效的合规组织体系，健全合规风险防范报告机制，弥补企业制度建设和监督管理漏洞，防止再次发生相同或者类似的违法犯罪。本条款虽然未提及律师，但企业在刑事案件程序中制定合规计划，虽视情况可能会有税务、环保等其他领域专业人员共同参与，但企业合规考察已经融入在对企业的刑事追诉程序中进行，当然也可能会延展至提起公诉或不起诉之后的行政处罚环节，无论如何，涉案企业、个人都必然需要具有刑事专业背景以及合规经验的法律人士参与其中。比如专注于公司合规风控、商业模式设计、交易并购、尽职调查等业务的非诉律师；能够根据涉案的企业违规或涉罪的具体情形做出刑事专业判断的刑事律师。

第四，帮助涉案企业确定合规承诺履行的期限。《意见》第十二条规定，第三方组织应当对涉案企业合规计划的可行性、有效性与全面性进行审查，提出修改完善的意见建议，并根据案件具体情况和涉案企业承诺履行的期限，确定合规考察期限。这意味着合规考察期限应先由企业对合规计划的履行期限做出承诺，第三方组织再最终确定。在这方面，刑事合规顾问能够根据个案情况结合相关经验协助企业完成期限设置。

第五，参加有关审查逮捕、决定起诉或变更强制措施的听证会，向办案机关提出从轻处理意见，包括可以提出涉案企业及其个人不批捕、不起诉以及变更强制措施的意见。《意见》第十五条规定，人民检察院对于拟作不批准逮捕、不起诉、变更强制措施等决定的涉企犯罪案件，可以根据《人民检察院审查案件听证工作规定》召开听证会，并邀请第三方组织组成人员到会发表意见。我们认为，涉案企业和人员作为当事人，也有权出席听证会，作为其辩护权的自然延展，律师也有权同时发表相关意见。

简言之，企业刑事合规顾问负责协助公司挖掘合规性"故障"，确定"故障"产生的原因并提供建议，如何避免公司在未来出现类似的问题。换言之，需要回答三个问题：发生了什么事？为什么会发生？可以采取什么措施防止其再次发生？正是由于上述工作的复杂性，对于律师法律规定的熟练掌握能力、公司治理的商业思维、良好的沟通技巧和对细节的掌控能力具有较高的要求。因此，通常企业会选择资深的刑事律师担任企业合规顾问参与刑事合规，这样具有两个方面的优势：一是专业优势，熟悉刑事法律，拥有办理刑事案件的丰富经验，对企业经营中的刑事风险点有深入了解和把握；二是如果同时担任涉案企业辩护人，还拥有信息优势，熟悉案卷材料，了解案发的原因、企业管理的漏洞，能够帮助企业对症下药，有针对性地建立和完善合规体系。

但需要注意的是，律师担任企业合规顾问和担任企业法律顾问类似，难免要参与企业管理和决策，必然会面临诸多执业风险。就像很多"套路贷"案件中，一些律师因为担任企业法律顾问，被作为共犯来追究责任，企业合规顾问也面临刑事风险，如果律师团队中没有资深刑辩律师参与，而仅仅是公司律师、民商律师，执业风险就很难避免。总之，刑事律师是企业刑事合规中必不可少的角色。

第二节　第三方组织中的合规监管人

由于司法资源有限且检察官一般不具备公司管理和合规方面的专业知识，域外的暂缓起诉协议常常要求公司聘请独立合规监督官监督公司合规情况并定期向检察官汇报。我国检察机关在企业合规改革过程中也面临着同样的问题，即在考验期内的持续监督加重了检察机关的负担。

基于此，深圳市宝安区司法局于2020年8月发布《关于企业刑事合规独立监控人选任及管理规定（试行）》确立了"刑事合规独立监控人"制度，由涉案企业委托律师或律师事务所，就企业刑事合规情况进行调查，协助涉案企业制定合规计划以及协助检察院监督合规计划的执行，并针对其履职情况、企业刑事合规建设出具阶段性书面监控报告，作为检察院作相应处理决定的参考。此时，独立监控人并未脱离企业，带有几分合规顾问的色彩，既代表检察机关监管企业，也代表企业向检察机关证明其履行了整改义务，然而，这种机制或多或少存在着弊端。为更中立客观考察评估涉案企业合规整改情况，2021年6月，九部委联合印发的《意见》正式将涉案企业合规承诺的调查、评估、监督和考察任务交予了"第三方监督评估组织"（以下简称第三方组织）。紧随其后，各级各地纷纷公布了第三方机制专业人员入库名录，大量专业的人员被纳入名录库，而其中不乏专业的合规律师，自此，律师以第三方组织中的合规监管人这样一个全新的身份参与到了企业刑事合规中。不同于传统意义上的公司法务或合规顾问，合规监管人因其地位作用的特殊性而规定了严格的选任程序和工作职责。

一、合规监管人的选任

根据相关规定，最高人民检察院、国务院国有资产监督管理委员会、财政部、全国工商联会同司法部、生态环境部、国家税务总局、国家市场监督管理总局、中国国际贸易促进委员会等部门共同组建第三方机制委员会，由第三方机制委员会研究制定第三方机制专业人员名录库的入库条件和管理办法，试点地区的第三方机制管委会根据相应的条件办法，建立本地区第三方机制专业人员名录库，对其成员进行选任、培训和考核。

当人民检察院在办理涉企犯罪案件时，遇有符合第三方机制适用条件的，可以商请本地区第三方机制管委会启动第三方机制，此时，第三方机制管委会将根据案件具体情况以及涉案企业类型，从专业人员名录库中分类随机抽取组成人员，并予以公示，同时向办案检察机关报备，就此，符合法定程序和要求的合规监管人就产生了。

二、合规监管人的职责

律师作为合规监管人和作为合规顾问具有截然不同的职责，合规顾问完成企业合规计划和履行的协助工作，而合规监管人则负责调查、评估、监督和考察，具体而言有以下4项工作职责：

1.对涉案企业提交的合规计划的可行性、有效性、全面性进行审查，有针对性地提出修改完善的建议，根据企业涉罪等具体案件情况，结合企业承诺履行的期限确定合规考察期限。

2.检查和评估涉案企业合规计划履行情况，要求涉案企业定期书面报告合规计划执行情况。

3.发现涉案企业新的犯罪事实或实施新的犯罪，中止第三方监督评估程序并履行报告义务。

4.考察期满后对涉案企业合规计划完成情况进行全面检查、评估、考核，向检察机关提交书面考察报告。

除此之外，律师作为第三方组织中的合规监管人需严格履行中立、保密、廉洁、任职回避义务，以保障尽职尽责完成上述各项合规任务。

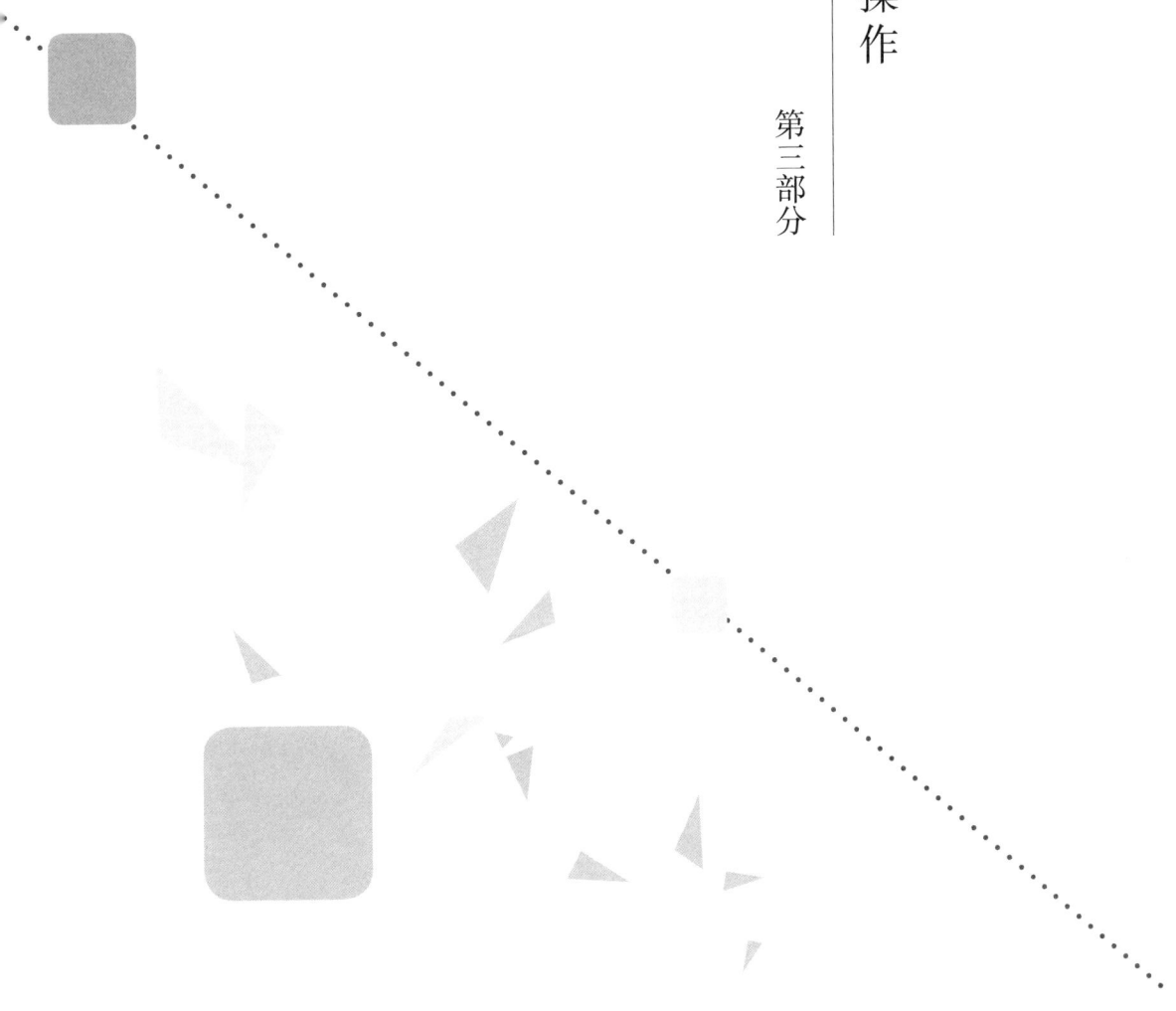

≫ 第九章　未雨绸缪
做好刑事合规前的刑事风控

第一节　企业刑事风控的由来、含义与基本路径

提到风控，具有一定企业风险意识和经营管理经验的企业家，都不会感到陌生。因为，无论是在企业设立、运营、终止的各个环节中，还是在企业及其人员所处的内部和外部环境中，都会或多或少的潜藏着，甚至暴露出这样那样的风险。在业务与风险的"鱼与熊掌"之间，我们的市场主体往往会表现出重业务、轻风险的倾向。业务部门与风控部门往往会水火不容，而最终风控部门往往要为业务部门让路。

虽然企业的风控活动注定不能从增加收入的角度对企业利润作出贡献，但是，有效的企业风控意味着企业及其人员不会遭受法纪制裁，不会遭受物质和精神损失，不会遭受其他负面影响，不会遭受灭

顶之灾。姑且不论企业的社会效益，仅从企业的经济效益角度考察，风控与业务其实是企业利润的一体两面。两者之间的区别仅在于，风控与企业利润之间负相关，对企业利润所起的作用为"节流"；后者与企业利润之间正相关，对企业利润所起的作用为"开源"。由此可见，风控本质上也是企业的价值创造活动，是企业得以保持合法、有效存续的秘诀。毫不夸张地说，能否全面识别、及时发现和有效化解风险，是企业能否保持平稳、健康、可持续发展的命门所在。因此，绝大多数成熟的企业都会设立风控部门，或者指定风控人员，专门负责构建、运行、维护企业的风控体系，以预防、控制和化解企业的法律风险和非法律风险。

近年来，随着政治、经济、社会、文化和法治环境的不断变化，随着政府和行业组织对市场主体及其人员的行政和行业监管范围不断扩大、力度不断增强，尤其是刑法对市场主体及其人员所发挥的作用已经开始由打击犯罪向预防犯罪前移，企业和企业家所要解决的问题，不再仅仅是能否，以及如何野蛮的生长和盈利，保持企业依法合规的生长和盈利，已经日益成为有远见的企业和企业家亟待解决的重大课题。对于我们的企业和企业家来说，无论是仅围绕违约、侵权、不当得利、无因管理的民商风控，还是仅围绕行政合法、行业合规的行政风控，都不能保证企业的巨轮在历史的滚滚巨浪中一路向前。于是，作为企业风控、企业法律风控的一个新兴的重要细分领域，企业刑事风控被提上企业和企业家的重要议事日程。

接下来，为了加深大家对企业刑事风控的理解，我们将以企业刑事为核心，从风险和控制两个角度，对企业刑事风控作一简要的介绍和解读。

顾名思义，企业刑事风险，是指企业及其人员因从事与企业有关的活动而违反刑事法律规定，构成刑事犯罪并受到刑事处罚的可能性和后果。当然，从更为广义的角度看，企业刑事风险还包括企业及其人员因从事与企业有关的活动而遭受他人刑事侵害的风险。关于前述定义，在此提请大家注意：

第一，《中华人民共和国市场主体登记管理条例》第二条对市场主体的定义为："本条例所称市场主体，是指在中华人民共和国境内以营利为目的从事经营活动的下列自然人、法人及非法人组织：（一）公司、非公司企业法人及其分支机构；（二）个人独资企业、合伙企业及其分支机构；（三）农民专业合作社（联合社）及其分支机构；（四）个体工商户；（五）外国公司分支机构；（六）法律、行政法规规定的其他市场主体。"我们在讨论企业刑事风险时，对企业法人意义上的狭义企业和市场主体意义上的广义企业不作区分。本章介绍和讨论的部分内容，可供包括国家机关、事业单位、社会团体、基金会、社会服务机构在内的非营利法人和非法人组织作刑事风控参考，可供包括银行理财产品、信托计划、保险资管产品、证券资管产品、公募基金、私募基金在内的"准企业"作刑事风控参考。

第二，企业刑事法律风险的承担主体为企业及其人员，其中包括：（1）可能构成单位犯罪的企业；（2）企业的出资人，如公司的股东、非公司企业法人的出资人、个人独资企业的投资人、合伙企业的合伙人和受益人、农民专业合作社（联合社）的成员、个体工商户的经营者和其他家庭成员、外国公司分支机构的设立人；（3）企业的控制人、管理人、监督人，如公司的实际控制人、董事、监事、高级管理人员，企业法人的法定代表人，企业法人分支机构和非企业法人的负责人，合伙企业的执行事务合伙人及其委派代表；（4）企业的员工、劳务派遣人员以及为企业提供服务的其他人员。

第三，以企业活动所处的企业生命周期为标准，我们可以将"与企业有关的活动"分为三个方面的活动，一是以企业出资为核心的设立活动，二是以企业经营管理为核心的运营活动，三是以企业解散清算为核心的终止活动。

第四，以风险行为或事件是否已经发生为标准，我们可以将企业刑事风险分为潜在风险和显在风险。潜在风险是指触犯刑法、构成犯罪、遭受处罚的可能性。在此类情形下，风险行为或事件尚未实际发生。显在风险是指已经触犯刑法、构成犯罪、遭受处罚的后果。在此类情形下，风险行为或事件已经实际发生。

在本书的第一部分，我们已经通过罪名归类的方式，以点的形式对各种常见的企业刑事风险进行了介绍。如果说我们对这些企业涉刑风险点的展示，还不足以反映企业涉刑风险全貌的话，我们再来以线的形式介绍几组数据，进一步呈现企业涉刑风险状况：根据中国裁判文书网的检索结果显示，2019年12月至2020年11月，涉刑公司和其他企业有3245家、人员3063人。其中，涉刑国有企业有234家、人员187人，涉刑民营企业3011家、人员2876人。根据北京师范大学中国企业家犯罪预防研究中心制作的《企业家刑事风险分析报告（2014—2018）》记载，民营企业家的犯罪人数由2017年的1827人上升到2018年的2773人。2018年企业家犯罪的频次总计2547次，罪名出现次数居前十位的依次为：非法吸收公众存款罪（699次）、职务侵占罪（179次）、行贿罪（178次）、单位行贿罪（163次）、合同诈骗罪（162次）、拒不支付劳动报酬罪（157次）、挪用资金罪（150次）、虚开增值税专用发票罪（146次）、贪污罪（102次）、受贿罪（94次）。纵观历年企业家犯罪统计数据，企业家犯罪率高达1/103。民营企业的刑事法律风险涵盖了企业从设立到运营、再到终止的全生命周期，涉及生产经营、融资、产品质量、贸易、税收、知识产权、对外公关等各个领域。曾有人说过这样一句话，企业家都在通往监狱的路上。此言未免极端，但企业刑事法律风险确实不容忽视。

介绍完企业刑事风险，让我们再来简要介绍一下"企业刑事风控"。广义的企业刑事风控，是指风险控制者通过采取适当的措施和方法，避免或者减少刑事风险事件发生的可能性，或者减少刑事风险事件发生时给企业及其人员造成的损失。关于前述定义，在此提请大家注意：

第一，以风控与企业活动在时间上的先后关系为标准，我们可以将广义的风控分解为三个阶段的风控。一是事前风控，亦称预防风险，即企业在开展活动之前采取的预防措施和方法，旨在杜绝或者减少将来可能发生的风险。二是事中风控，即狭义的风险控制，是指企业在开展活动的过程中采取的控制措施和方法，旨在杜绝或者减少随时可能发生的风险。三是事后风控，亦称化解风险，即企业在开展活动之后采取的补救措施，旨在消除或者减少已经发生的风险给企业及其人员造成的负面影响。

第二，在企业刑事合规实践已臻成熟的国家和地区，人们所说的企业刑事合规，更多的是指广义的企业刑事风控。按照我们理解，广义的刑事风险控制，其实就是广义的企业刑事合规，两者之间互为表里；我国检察机关当前主推的狭义企业刑事合规，应当属于广义企业刑事风控第一层意义上的风控，即前风控、预防风险。原因在于，狭义企业刑事合规虽然表面上着眼当下，针对的是企业的显在风险，解决的是企业的现实问题，但是实际上着眼仍在长远，针对的仍是企业的潜在风险，解决的仍是企业的将来问题。

第三，广义企业刑事风控与狭义企业刑事合规之间的区别在于，广义企业刑事风控的重点在于风险尚未发生前的预防和控制，狭义企业刑事合规的重点在于风险已经发生后的化解。如果说狭义企业刑事合规的重点在于对已经发生的企业刑事风险的亡羊补牢，那么企业刑事风控的重点就在于对尚未发生的企业刑事风险的未雨绸缪。根据我们观察，当前的企业及其人员普遍存在重视刑事风险事后补救，轻视刑事风险事前防范和事中控制，忽视刑事风控体系建设等突出问题。这必然会导致企业刑事风险的易发、多发、频发，必然会导致企业遭受重大损失，甚至遭受没顶之灾。目前，虽然我国已经出现一些刑事风险防范、控制、管理的组织和机制，但是毕竟出现时间不长，无论是从业组织和人员的专业程度，相关机制的健全程度，还是企业、社会和媒体的关注程度，都还远远不够。因此，如何在现有法律风控体系中嵌入完善、科学、有效的刑事风控体系，是摆在企业和刑事专业人士面前的一道共同难题，企业与刑事专业人士的深度合作势在必行。

有人会问，企业与刑事专业人士之间该如何开展深度合作呢？我们认为，一方面，作为企业刑事风险的主要承担主体，企业及其人员应当高度重视企业刑事风控，主动寻求刑事专业人士的帮助，在改进法律风险管理体系的过程中，要结合企业的内控体系现状，充分考虑企业的管理体系改进需求，将内部控制的理念、制度、措施和方法运用到刑事风险的识别、评估、控制与应对、监督和检查等各环节，实现刑事风险管理与其他法律风险管理、其他内部控制的良性互动、深度融合。另一方面，刑事专业人士应当充分整合行政合规等领域的专业资源，利用自己团队的专业优势和成功经验，结合企业的实际情况和具体需求，为企业提供全方位的法律风险防控专项服务，协助企业打造全新的企业法律风险防控平台。唯有企业和刑事专业人士的双管齐下、通力合作，才能做实、做全企业的风险管理，才能为企业搭建安全有效的刑事保护屏障。

那么，究竟有什么样的刑事风控体系可供企业参考和借鉴呢？企业刑事风控体系是由企业刑事风控的理念、制度、措施和方法组成的一个有机整体，受本书篇幅限制，我们无法逐一展开。在具体操作层面，我们可以将其分解为如下几个部分：企业刑事风险的识别、企业刑事风险的评价、企业刑事风险的控制与应对。

第二节 企业刑事风险的识别

一、刑事风险清单的制定与更新

企业刑事风险识别的目的在于全面、系统、准确地描述企业刑事风险状况，为后续风险评估、分析与管控明确对象和范围。刑事风险的识别，首先是全面排查企业各业务单元、各重要岗位、各重要活动、各主要业务流程中存在的刑事风险，然后对查找出的刑事风险进行描述、归类，对其风险来源、影响范围、潜在后果进行分析归纳，最终生成企业的刑事风险清单。刑事风险清单是统一企业刑事风险语言、形成刑事风险防控共识的第一步。同时，全面、系统的刑事风险清单也是实施企业刑事风险管理，有效防控企业刑事风险的重要基础。

在此提请大家注意，企业刑事风险清单并不是一成不变的，其内容需要与刑事法律和政策的变化、企业治理机构及其职能的调整、关键岗位人员及其职责的调整、刑事风险管理体系的更新等保持同步，或者需要增加，或者需要修改，或者需要删除。如果企业的条件允许，我们甚至可以顺应企业管理的精益化趋势，将刑事风险清单逐渐生成不同级别的清单列表。

二、刑事风险识别方法

与其他法律风险的识别方法相比，企业刑事风险的识别方法，既有共通的部分，也有相区别的部分。企业法律风险识别的方法，总归都是先广泛收集职能部门、权属单位提供的法律风险信息，然后再由法律人员根据法律风险定义进行严格、专业的筛选。因此，在识别环节，刑事风险信息的收集是全部工作的基础和关键。企业刑事风险信息的收集，可以采用问卷调查、访谈调研等动态方式，再辅之以案例梳理、法规梳理等静态方式。

（一）问卷调查

在刑事风控体系建设的初期，可以为不同的部门、岗位、业务流程设计不同的问卷内容，逐一判断并尽可能全面地列举每一部门、岗位、业务流程可能存在的刑事风险源或风险点。在刑事风控体系更新阶段，可以先将已知的风险分解到各职能部门、下属单位，形成部门风险清单，再以部门风险清单为基础制作调查问卷，要求各职能部门、下属单位进行风险确认、补充和完善。

（二）访谈调研

在进行访谈调研时，需要先制作访谈提纲，再对各部门的负责人及关键岗位员工进行访谈，最后由法律专业人员对访谈内容进行梳理，分析、识别其中与刑事风险有关的信息。

（三）案例梳理

案例梳理方法既可以运用于刑事风控体系建设的初期，也可以用于刑事风控体系的更新。具体方法是，通过分析企业及其人员涉及诉讼、仲裁、投诉、行政处分、行政处罚以及遭受其他不利影响的案例，挖掘隐藏在这些案例背后的深层次原因，并根据发现的问题整理出刑事风险点。在体系更新阶段，梳理对象是在上次更新后新发生的案例，这样便于发现风险漏洞。

（四）法规梳理

由于刑事案件的定罪和量刑具有更大的明确性、具体性，因此，梳理刑事法规，明确刑事犯罪的构成要件、刑事案件的立案标准、刑事处罚的种类和幅度等是刑事风险识别过程中最为重要的工作内容和环节。在体系建设初期，收集现行有效的刑事法规，包括刑事法规以外的关联法规，找出与企业活动相关的法条，并结合企业活动的实际情况整理出法律风险点。在体系更新阶段，梳理对象是在上次更新后新颁布、修改、废止的法规。

在通过上述方法完成信息收集后，需要对信息进行梳理，整理出法律风险点，最终完成企业刑事风险识别。

三、刑事风险识别步骤

第一步，由风控部门对接刑事专业人员，构建刑事风险分类框架。

第二步，采用问卷调查、访谈调研、案例梳理、法规梳理等方法，进行刑事风险信息的初步收集。

第三步，对收集到的刑事风险信息进行筛选和优化，剔除无效和重复的信息，并按照刑事风险分类框架将风险点归入刑事风险库。

第四步，补充和完善风险点在刑事风险库中的其他属性，并最终形成企业的刑事风险库。

第五步，对企业的刑事风险库进行拆分，形成各部门的刑事风险库。

第三节　企业刑事风险的评估

法律风险的测评或者评估，就是用定量的方法对识别出的法律风险进行分析，并为法律风险划分等级，以便进一步掌握法律风险的特征，选取企业需要予以重点关注的法律风险。企业刑事风险的评估也是如此。

一、刑事风险测评维度

在对已经识别出的风险进行量化分析、测评时，主要考虑的维度有两个：发生风险事件的可能性、风险事件的影响程度。

发生风险事件的可能性是指，在企业目前的管理水平下，风险事件发生概率的大小或者发生的频繁程度。对法律风险发生可能性的量化分析，可以从以下5个维度进行，每个维度可以进一步细化为若干评分标准，如表1所示。以下示例将发生风险事件的可能性分为5个等级，分别为其赋予1至5的分值，分值越高意味着发生风险事件的可能性越大。对照该评分标准，同时根据不同维度对风险发生可能性的不同影响程度，为各维度设定权重系数，并确定计算公式，最终即可计算出该风险发生可能性的分值。

表 1　刑事风险可能性维度

分析维度	5	4	3	2	1
内控制度的完善与执行	内控制度/业务流程很不完善，内控制度/业务流程很难得到执行	内控制度/业务流程较完善，内控制度/业务流程较难得到执行	内控制度/业务流程较完善，内控制度/业务流程执行程度一般	内控制度/业务流程很完善，内控制度/业务流程执行比较准确	内控制度/业务流程很完善，内控制度/业务流程执行非常准确
企业人员素质	不了解相关法律及内部制度	对相关法律及内部制度有一定了解，但不能有效执行	了解相关法律及内部制度，且基本能够执行	理解相关法律及内部制度，并能够较好执行	非常熟悉相关法律及内部制度，并能够完全有效执行
交易对手状况	履约能力很弱或侵权可能性很大，信誉很差	履约能力较弱或侵权可能性较大	履约能力一般或侵权可能性一般，信誉一般	履约能力较强或侵权可能性较小，信誉较好	履约能力很强或侵权可能性很小，信誉很好
外部监管力度	有法律规定，有监管部门，违法行为总是能得到及时查处，且处罚严厉	有法律规定，有监管部门，违法行为一般都能得到及时查处	有法律规定，有监管部门，但违法行为并未都得到及时查处	有法律规定，有监管部门，但监管部门经常不履行职责	有法律规定但不明确，有监管部门，但监管部门经常不履行职责
工作频次	风险行为所涉及的工作每天至少发生一次	风险行为所涉及的工作每周至少发生一次	风险行为所涉及的工作每月至少发生一次	风险行为所涉及的工作每季度至少发生一次	风险行为所涉及的工作每年至少发生一次

风险事件的影响程度是指该风险事件可能使得企业及其人员面临的刑事处罚类型和力度。对刑事风险影响程度的量化分析，可以从以下四个维度进行，每个维度可以进一步细化为若干评分标准，以下示例将影响程度分为5个等级，分别为其赋予1至5分的分值，分值越高意味着风险事件的影响程度越大，如表2所示。对照该评分标准，同时根据不同维度与风险影响程度的不同相关性，为各维度设定权重系数，并确定计算公式，最终即可计算出该风险影响程度的分值。

表 2　刑事风险影响程度维度

分析维度	0	1	2	3	4	5
涉罪人数	无	1人	3人以下	5人以下	10人以下	10人以上
人员级别	无	基层员工	中层	高层	董事会成员	法定代表人
财产刑及赔偿	无	10万元以下	10—100万元	100—500万元	500—5000万元	5000万元以上
刑罚幅度	无	三年以下	五年以下	十年以下	十年以上	无期或死刑

二、刑事风险测评方法

由于刑事风险测评具有较强的专业性，因此测评建议在刑事法律人员的全程参与下，以企业部门为单位，以集中研讨的方式进行。

（一）角色分工

例如，可以将风险测评的角色分为风险主相关部门、风险辅相关部门、内部专家组，并将内部专家组的筛选标准确定为：（1）企业或部门领导；（2）对风险涉及业务比较熟悉的外部人员；（3）法律风险管理咨询专家。

（二）测评对象

在较小规模的企业，可以由全员参与测评。在较大规模的企业，测评对象可以为相关部门的管理人员。

（三）权重设置

企业可以根据本企业的实际情况，在下列范围内选择主相关部门和辅相关部门的权重：（1）主相关部门对风险事件的评价权重为0.6—0.7；（2）辅相关部门对风险事件的评价权重为0.4—0.3；（3）主相关部门和辅相关部门对风险事件的评价权重之和为1。

企业可以根据本企业的实际情况，在下列范围内选择部门和专家组的权重：（1）部门对风险事件的评价权重为0.5—0.6；（2）专家组对风险事件的评价权重为0.5—0.4；（3）部门和专家组对风险事件的评价权重之和为1。

三、刑事风险数据计量模型

先由企业根据以上的角色分工向测评对象下发测评问卷，进行测评基础数据收集，再采用以下方法计算法律风险事件和法律风险类的测评分值：

（一）计算每个风险事件的影响程度、发生可能性分值

根据不同人员对某一风险事件影响程度的评分，加权平均计算出该风险事件影响程度的分值。根据不同人员对某一风险事件发生可能性的评分，加权平均计算出该风险事件发生可能性的分值。假设评分人员分为主导部门A、辅助部门B、专家组C三类，权重分别为α、β、γ，每类人员分别有X、Y、Z人，则计算公式如下：

风险事件的影响程度分值：

$$EIi = \frac{\sum\limits_{j=1}^{x} EIA\,ij}{X} \times \alpha + \frac{\sum\limits_{j=1}^{y} EIB\,ij}{Y} \times \beta + \frac{\sum\limits_{j=1}^{z} EIC\,ij}{Z} \times \gamma$$

风险事件发生可能性分值：

$$EPi = \frac{\sum\limits_{j=1}^{x} EPA\,ij}{X} \times \alpha + \frac{\sum\limits_{j=1}^{y} EPB\,ij}{Y} \times \beta + \frac{\sum\limits_{j=1}^{z} EPC\,ij}{Z} \times \gamma$$

（二）计算每个风险类的影响程度、发生可能性分值

根据某一风险所对应的各种风险事件的影响程度分值计算该风险的影响程度分值；根据某一风险所对应的各种风险事件的发生可能性分值计算风险的发生可能性分值。

设 $a_i = \dfrac{EIi}{\sum\limits_{i=1}^{s} EIi}$ 为风险事件 i 的影响程度在风险K总的影响程度中的权重；

设 $b_i = \dfrac{EPi}{\sum\limits_{i=1}^{s} EPi}$ 为风险事件i的发生可能性在风险K总的发生可能性中的权重；

则计算公式如下：

风险的影响程度分值：$RIk = \sum\limits_{i=1}^{s}(a_i \times EIi)$

风险发生可能性分值：$RPk = \sum\limits_{i=1}^{s}(b_i \times EPi)$

最终，根据各种风险所对应的分值，从可能性和影响程度两个维度，得出企业刑事风险的分布图谱。

四、刑事风险图谱

在这里，我们仅提供企业刑事风险图谱的示例，企业可参照制作本单位的企业刑事风险图谱。

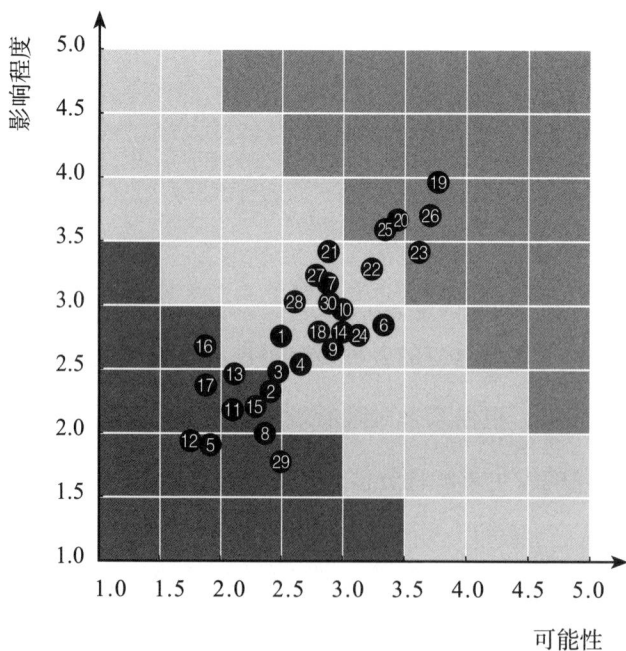

刑事风险图谱示例

五、刑事风险测评步骤

第一步，由风控部门参考刑事风险测评维度，以部门刑事风险清单为基础制作测评问卷，在此过程中需要注意区分主、辅相关部门。同时，确定适合本企业的风险测评参评人员、角色分工及其权重。

第二步，组织、监督各业务部门根据风险评价标准，逐条、认真地对问卷所列风险事件的发生可能性和影响程度项下的各个维度进行评分。

第三步，参照数据计量模型，整理收集完成的测评数据，计算二级风险的发生可能性、影响程度分值，形成数据汇总表，并绘制刑事风险图谱。

六、风险分级与重点关注风险的选取

刑事风险分析是在风险测评数据的基础上，对风险进行分级，分析了解风险特征，从企业类型、业务领域、经营规模等角度，确定企业需要予以重点关注的刑事风险。

（一）风险分级方法

刑事风险分级的依据一般是风险发生可能性与风险影响程度的综合值，亦即风险水平的高低。风险水平的计算公式如下：

风险水平=风险发生可能性×风险影响程度

一般情况下，可以将风险分为下列三个等级：（1）一般风险，为风险水平相对最低的风险，在风险图谱上用绿色区域表示；（2）关注风险，为风险水平相对较高的风险，在风险图谱上用黄色区域表示；

（3）重点关注风险，为风险水平相对最高的风险，在风险图谱上用红色区域表示。企业可以根据管理需要，设定和划分具体的等级层次。

（二）重点关注风险的选取标准

在刑事风险排序和分级的基础上，企业可以根据其管理需要以及法律、政策的变化情况，进一步确定需要予以重点关注和优先应对的法律风险。在选取重点关注风险时，可以参考的标准包括但不限于：

1.在企业现有的管理水平下，该刑事风险所描述的风险行为经常发生，极大增加了触犯刑法的概率；

2.该刑事风险所描述的行为是企业近期关注和管理的重点问题，通过改善管理或采取其他方法，能够降低该风险行为发生可能性或造成的损失；

3.该刑事风险是同类企业共同重点关注的风险，或该风险所描述的行为是近期法律的调整重点和执法部门的打击热点；

4.该刑事风险所描述的行为受国际和国内环境影响较大，或系由国际和国内重大事件引发。

（三）重点关注风险的选取方法

企业可参考以下建议，如表3所示，确定适合本企业的重点关注风险选取机制。

表3　重点关注风险选取机制说明

选取机制	建议
选取内容	因一级风险范围太大，风险事件范围又太小，建议从二级风险类中选取。在选取过程中，可以参考风险类所包含的风险事件，若某风险事件比较突出，可以把该风险事件所属风险类选取为需要予以重点关注的风险。
选取数量	选取重点关注风险的目的在于控制，在选取重点关注风险时，要本着少而专的原则，选取的重点关注风险数量不宜过多。
组织形式	专家组座谈或企业领导访谈。

第四节　企业刑事风险的控制与应对

一、企业刑事风险的控制

一般而言，无论是刑事风控计划的制定和实施，还是刑事风控措施和方法的提出，都应由各业务部门主导。在此过程中，风控部门的职责往往只是对企业风控活动的发起、监督和考核。在制定和实施刑事风控计划时，企业需要重点关注的问题包括：

（一）刑事风控态度

企业活动所触发的刑事风险，给企业及其人员所造成的负面影响，往往是其他法律风险无法比拟的。因此，企业对刑事风控的应有态度是杜绝。但是，企业面临的刑事风险几乎无时不有、无处不在，如果企业的刑事风控计划过于严苛，就会严重阻碍正常业务活动的开展，甚至会导致企业停产、停业、关闭。因此，在全面排查企业刑事风险的基础上，区分刑事风控的先后和主次，就显得十分必要。换言之，在制定和实施刑事风控计划时，企业不但需要考虑特定刑事风险的发生可能性和影响程度，还需要适当考虑企业对特定刑事风险的承受能力，以及企业人员对特定刑事风险的接受程度。原则上，刑事风险的发生可能性和影响程度越大，风险水平越高，企业采取相应风控措施的态度应当越积极。

（二）刑事风控措施

企业可以根据对风险事件及其控制状况的归纳，分别针对带有普遍性和特殊性的刑事风险，制定带有普遍性和特殊性的风控措施。在提出有关刑事风控措施的建议时，可以考虑以下六个方面，如表4所示：

表4　刑事风控的六个方面

资源配置	设立或调整与风险行为相关的机构、人员，补充经费
制度、流程	制定或完善与风险行为相关的制度、流程
指引、标准	针对常见法律问题，编撰指引、标准类文件，供业务人员使用
技术手段	利用技术手段防止风险行为的发生
培训	对关键岗位人员进行风险培训，提高其风险意识
其他	非例行性的或暂时不宜形成成文制度或流程的具体活动

（三）刑事风控措施的评判标准

在评判特定的刑事风控措施时，可以考虑该刑事风控措施是否具有：

1.实用性：本企业和本部门的实际情况足以保证该措施得以落实；

2.针对性：该措施能够有效管控潜藏在刑事风险背后的原因行为或事件；

3.具体性：该措施能够落实到具体的业务部门、岗位、业务流程，内容详细、清晰、明确、可行；

4.完整性：该措施具有组织、执行、资源、评估、监督、考核等方面的全部要素；

5.综合性：该措施能够与企业的章程、规章制度、其他风控措施进行有机结合，保持良性互动。

接下来，我们将对每一类型的刑事风控措施进行进一步的启发式说明，如表5所示：

表 5　刑事风控的措施要求

措施类型	要求
资源配置	在制定风控计划时，至少应当考虑：（1）所需的资源类型，如人员、机构（岗位）、经费、设备等；（2）资源的利用方式，如是增加还是减少？具体的实施方法是什么？
制度、流程	在制定风控计划时，至少应当考虑：（1）制度、流程所针对的问题；（2）制定制度、流程所需时间；（3）制度、流程所涉及的基本程序；（4）制度、流程开始生效的时间；（5）制度、流程的具体表现形式，如业务操作规范、管理实施细则等；（6）与现有制度、流程的统一。

续表

措施类型	要求
指引、标准	在制定风控计划时，至少应当考虑：（1）指引、标准所针对的问题；（2）制定指引、标准所需时间；（3）指引、标准所涉及的基本程序；（4）指引、标准开始生效的时间；（5）指引、标准的具体表现形式，如操作指引、技术标准细则、管理办法等。
技术手段	在制定风控计划时，至少应当考虑：（1）技术手段所针对的问题；（2）采取技术手段所需的人员能力、设备供应支持等资源配置；（3）改进技术手段的具体方案；（4）对现有系统或设备的影响及其应对方案；（5）实施技术方案所需的时间。
培训	在制定风控计划时，至少应当考虑：培训所针对的问题、培训对象范围、培训内容、讲师来源及管理、培训时间、培训效果考核。

（四）刑事风控计划的制定步骤

第一步，由风控部门将刑事风险清单下发至各部门，并组织其填写刑事风控计划表。

第二步，由各部门按照要求，确定其职责范围内刑事风险的风控态度、风控措施等。刑事风险跨部门的，可以召开研讨会。

第三步，由风控部门整理形成企业的刑事风控计划汇总表，上报风控负责人审核，再提交企业相关机构、人员决策、审批。

第四步，由各部门按照已经生效的企业刑事风控计划，执行本部门的控制计划。

（五）评估考核参考维度

在对各部门实施风控计划的情况进行评估考核时，可供风控部门参考的维度主要有四个：风控措施的落实情况、落实时间、落实质量、落实效果。在这个维度中，每个维度有2—3个评估选项，如表6所示：

表6 刑事风控的评估维度

编号	评估指标	评估选项1	评估选项2	评估选项3
1	落实情况	全部落实	部分落实	没有落实
2	落实时间	提前落实	按时落实	延时落实
3	落实质量	较好	一般	不好
4	落实效果	无风险行为发生	有风险行为发生，发生频率明显降低	有风险行为发生，发生频率没有降低

各维度的评估选项对应不同的分值，风控计划实施情况的评估考核分值为各维度的评估选项分值之和。假设某风控措施全部落实（30分），且提前落实（10分），但是落实质量一般（20分），无风险行为发生（20分），则该风控计划实施情况的评估考核评分为80分。

（六）风控计划实施情况评估考核的步骤

第一步，由风控部门在评估考核前确定评估考核的参与方，并制定评估考核表。如需专家参与评估考核，则需提前成立专家组。

第二步，组织各部门进行实施情况自评，填写实施情况评估考核表，并提交阶段性成果证明材料。

第三步，由风控部门根据各部门的风控计划、实施情况评估考核自评，以及阶段性成果证明材料，对各部门实施风控措施的情况进行评价。

第四步，必要时，组织或委托第三方进行评估考核。

第五步，由风控部门对评估考核结果进行汇总，形成刑事风控计划实施情况评估考核汇总表。

第六步，根据实施情况评估考核结果，改进、优化刑事风管计划。

（七）刑事风控报告

刑事风控报告分为定期报告和临时报告。前者指的是企业的月度、季度、半年度、年度刑事风控报告，即企业在每一风控月度、季度、半年度、年度终了后编制的刑事风控报告。后者指的是企业在发生重大刑事风险时编制的专项刑事风控报告。

二、企业刑事风险的应对

如前所述，企业刑事风险的识别、筛查、评估具有极强的专业性，在刑事风险面前，企业的积极应对是化解刑事风险的必要条件。但是不得不承认，由于应对方式和能力受专业所限，企业往往无法独立化解已经发生的刑事风险，尤其是在广大的中小微企业中，可能根本就没有法律专业的风控部门和人员，更谈不上刑事专业的风控部门和人员。

在此，我们提请广大的企业和企业人员注意，千万要外聘律师团队为企业提供法律帮助，这在刑事法律风险的应对过程中尤为重要。因为，除为企业提供预防和控制刑事风险的非诉法律帮助外，在刑事风险的应对过程中，律师还可以为企业及其人员提供多方面的诉讼法律帮助，包括但不限于：

1.为企业及其人员提供及时的法律意见和建议，帮助企业及其人员认清已经发生的刑事风险，抓住一切可以依法争取的稍纵即逝的宽大处理机会。

2.为企业及其人员提供及时的法律意见和建议，帮助企业及其人员预防和控制已发刑事风险的次生刑事风险，避免企业及其人员因已发刑事风险一错再错、错上加错。

3.为企业及其人员整合法律领域，尤其是刑事领域的专业资源，帮助企业及其人员采取包括狭义企业刑事合规在内的补救措施，消除或者减少已经发生的刑事风险给企业及其人员造成的各种负面影响。

≫第十章　妥善应对 刑事合规律师的实务操作

在前面章节中，已经详述了律师在企业刑事合规中的两种角色——刑事合规顾问和合规监管人。这两种角色也是律师参与企业刑事合规的两种不同方式。相较而言，刑事合规顾问所做的工作最为基础、深入、全面，参与并直接把控整个企业合规整改的全过程。而合规监管人则处于一个监督、评估、验收的位置，并不直接排查企业经营漏洞、制定合规整改计划、落实合规整改工作。因此，若想全面了解合规实务操作，就必须从刑事合规顾问这一角色入手。此章实务操作的内容，也是围绕刑事合规顾问这一角色而展开。

结合法律规定与实务，我们将整个刑事合规的流程大概划分为五个阶段，分别是尽职调查、撰写合规承诺、拟定合规计划、协助落实合规计划、合规听证。刑事合规顾问应当在每一个阶段都发挥主导作用。

第一节　尽职调查

对于企业刑事合规而言，尽职调查是指，采用一定的手段或方式，收集和了解目标企业与合规运作相关的信息，从而达到了解企业经营合规现状的目的，发现其经营管理方面已经存在的、可能发生违规风险的管理漏洞，以便为后续合规计划拟定以及合规整改落实提供依据和基础。

《孙子兵法》有云：“知彼知己，百战不殆。”尽职调查作为律师的一项必备技能所体现的正是这句古语的核心内涵。作为刑事合规顾问，全面、准确、深入地了解目标企业的经营管理状况是一切合规工作的基础。只有在深入了解目标企业的基础上，才能因企施策，制定有效的合规计划，真正落实合规整改，达到有效合规的目的。换言之，没有尽职调查，就不存在有效合规。

一、明确尽职调查的方向

本书已经介绍过企业刑事合规的概念及中国刑事合规的实践情况。从中可以清晰地了解到，企业刑事合规与传统的“大合规”既有相同点，又有不同点。二者在某些方面具有同质性，比如，都包含着有效防控合规风险的目的。但是，“大合规”要求全面覆盖，即合规管理覆盖各业务领域、各部门、各级子企业和分支机构、全体员工，贯穿决策、执行、监督全流程。①而刑事合规，一般仅针对与企业犯罪有密切联系的管理问题，制定可行的合规管理规范。②

因此，企业刑事合规的尽职调查应当避免眉毛胡子一把抓，不是对企业的所有情况进行调查，而是要围绕企业违法犯罪行为本身进行，了解犯罪发生的全过程及背后的原因，为查找企业管理漏洞指明方向，也为后续合规计划的制定与实施提供基础。

在具体个案中，为了明确尽职调查的方向，刑事合规顾问应当详细了解案情。执业律师都知道，把握刑事案件案情的最直接、最有效的方式是阅卷。但目前刑事诉讼法只赋予了辩护人阅卷权，企业刑事合规试点改革仍是在现有法律约束下进行。因此，无论是第三方监管人还是刑事合规顾问，均无阅卷的法定权利。在这样的限制下，唯有与办案机关积极沟通，才能获取到准确的案件情况。

一般而言，刑事合规顾问需要了解涉案企业、个人涉嫌的罪名，以及与企业合规整改有关的案件情况。重点包括：违法犯罪行为的具体实施过程；发生违法犯罪的原因及实施违法犯罪行为的动机；与案发有关的企业管理制度及制度的执行情况；涉案人员各自的履职情

---

①2018年11月2日，国务院国有资产监督管理委员会印发了《中央企业合规管理指引（试行）》，该《指引》适用于中央企业，但其中也指出："地方国有资产监督管理机构可以参照本指引，积极推进所出资企业合规管理工作。"

②《关于建立涉案企业合规第三方监督评估机制的指导意见（试行）》第十一条第二款："涉案企业提交的合规计划，主要围绕与企业涉嫌犯罪有密切联系的企业内部治理结构、规章制度、人员管理等方面存在的问题，制定可行的合规管理规范，构建有效的合规组织体系，健全合规风险防范报告机制，弥补企业制度建设和监督管理漏洞，防止再次发生相同或者类似的违法犯罪。"

况；涉案人员对违法犯罪行为的认识；等等。在此基础上，就可以较为容易地定位企业经营管理的漏洞，为后续调查明确方向并划定大致的范围。

二、具体开展调查

开展尽职调查的方式有很多种，具体采用何种方式实现调查目的，需要根据涉案企业和案件的具体情况来确定。以下简要介绍一些常用的调查方式。

（一）大数据检索

现在信息网络极其发达，在尽职调查初始阶段，可以便利地通过网络检索到企业的基本股权信息、业务信息、诉讼信息，以及企业及相关管理人员的违规违法记录，等等。合规顾问还应当检索有关的法律规范和司法案例，为之后的合规整改奠定规范基础。

（二）文件审阅

文件审阅是尽职调查最重要、最基础的工作之一。合规顾问应当根据尽职调查的方向，列明所需要审阅的文件清单，交由涉案企业搜集、整理。相关文件既可以要求涉案企业邮寄或传送到律师事务所，也可以直接到涉案企业现场进行查阅。需要审阅的基本文件一般包括：企业基本管理制度、内部组织架构资料、其他合规管理资料等。其他文件则需要根据具体的案件来调取审阅。

（三）人员访谈

访谈是了解企业有关情况的最直接方式之一。访谈对象一般包括企业的高级管理人员、相关部门负责人、员工等。开展访谈既可以是对单人进行访谈，也可以对多人一起访谈。访谈要围绕企业管理情况、员工的职责业务范围、合规管理现状、合规意识等主题进行询问。根据案件的不同，还可以针对重点合规领域，比如商业贿赂、安全生产、环境保护等方面进行询问。每次访谈均要形成访谈记录。

（四）问卷调查

问卷调查的主要目的在于了解员工对目前及未来企业合规的基本认知、态度的整体情况。发放问卷的范围可以覆盖全体员工，也可以针对重点部门、重点人群发放。问卷回收后要进行整理、统计，形成问卷情况报告。

三、形成尽调报告

尽调报告主要是对前期工作的系统梳理与总结。通过文字的方式，对已查明的发生犯罪问题的体制、机制原因进行说明，并对未来可能发生的风险进行充分识别和评估。尽调报告的内容一般包括：尽职调查的工作情况；企业的基本情况、合规情况；企业管理风险情况等。报告内容应当忠实于尽调的实际情况。

第二节　撰写合规承诺

启动合规有一个条件，即承诺建立或者完善企业合规制度。就严肃的刑事合规程序而言，涉案企业的承诺有必要以书面形式展现，并提交给正在办理案件的司法机关。这一承诺也不仅仅限于对开展合规整改的承诺，而应当围绕着刑事合规程序的整体要求，作出方方面面的承诺。因此，承诺书的大概内容应该包括以下五个方面：

一、认罪认罚态度

之前章节已经阐明认罪认罚对于企业刑事合规启动的必要性。在承诺书中，涉案企业、个人仍应当表明自愿认罪认罚，主动承认与案件有关的犯罪事实，积极配合司法机关调查、追诉等内容。

二、消除犯罪后果的内容

企业刑事合规包含着社会治理、犯罪管控的价值，这一方面要求合规整改可以达到对未来违法犯罪行为的预防，另一方面也要求涉案企业对过去的违法犯罪行为进行补救，弥补受损的法益和社会关系。因此，合规承诺中消除犯罪后果的内容是必不可少的。对于不同的刑事案件，其所产生的犯罪后果是不尽相同的，承诺书要根据具体的案件情况予以调整、补充，以保证内容的适当和全面。

以最高人民检察院发布的企业合规改革试点典型案例所涉及的污染环境罪、虚开增值税专用发票罪和对非国家工作人员行贿罪为例，现简述该部分内容。

（一）污染环境罪

该罪名最直接受损的法益就是自然环境。涉嫌此罪名的案件，承诺恢复受损环境是必备的内容。值得注意的是，污染环境可能会产生侵权结果。比如，导致他人疾病、受伤甚至死亡。这一点，在《刑法》条文中就有最直接的体现，第338条第四项："致使多人重伤、严重疾病，或者致人严重残疾、死亡的。"还有可能因为污染农田、鱼塘等，导致他人经济利益受损。这些都可以通过了解具体案情而得知。根据相应的情况，要在承诺书中写入积极赔偿损失等内容。

（二）虚开增值税专用发票罪

这是一个涉税罪名，主要法益是国家税收征管制度。在实践中，涉案企业、个人虚开增值税专用发票基本是为了骗取国家税款，所以主要是造成了国家税收损失。因此，承诺补缴税款是承诺书的必要内容之一。如果案件因为合规整改最终做了不起诉处理，没有承担最终的刑事处罚，那么，涉案企业、个人也应当承担相应的行政处罚。缴纳相应的行政性罚款也是应当作出的承诺之一。

（三）对非国家工作人员行贿罪

贿赂类犯罪中，贿赂款作为违法所得，都需要退赃。如果是涉嫌行贿罪，贿赂款已经交付给受贿人，这一部分的退赃责任就由受贿人承担。但是行贿行为一般是为了获取利益，如果是获取了不正当的财产利益，那么同样要退赃退赔。涉嫌贿赂类犯罪的企业、个人在做合规整改时就应当作出退赃退赔的承诺。

三、配合提交材料的内容

企业刑事合规围绕刑事案件开展，但是合规程序的启动、评估等工作却在一定程度上超越了刑事案件本身。涉案企业、个人通过提供与案件有关的材料来积极配合刑事案件调查是自然而然的。但是合规整改在很多情况下需要提交与案件并没有直接联系的其他证明材料。这些材料可能包括企业经营、纳税、员工情况说明以及行政主管机关证明等有关材料，检察机关还可能根据案件情况，要求提供其他材料。涉案企业、个人在申请或接受合规整改时，均应对此项配合义务作出承诺。

四、制定和履行合规制度的内容

制定和履行合规计划是企业刑事合规的核心工作。根据《关于建立涉案企业合规第三方监督评估机制的指导意见（试行）》（以下简称《意见》）规定，启动合规整改的条件之一就是："承诺建立或者完善企业合规制度。"那么承诺书中写明相关内容也是理所应当的。

具体内容可以做如下表述：本企业将在出具本承诺书之日起于10日内向检察机关提交完整的书面刑事合规计划，按照检察机关及第三方监督评估组织的规定和要求，在考察期内建立有效的合规管理制度并切实执行，每两个月向第三方组织如实、全面报告合规制度的执行情况。

以上表述所涉及的期间，可以根据案件的具体情况予以合理调整。

五、其他事项

合规整改除建章立制、堵塞漏洞外，还要关注未发现的违规违法问题，制止可能发生的违规违法行为。同时，在发现有关问题时，涉案企业负有如实报告的义务。在承诺书中，这部分内容也是必不可少的。

第三节　如何参与制定合规计划

合规计划的制定是企业刑事合规程序的关键一环。在我国目前企业刑事合规的语境下，合规计划是指，在企业刑事合规程序启动后，涉案企业为有效完成合规整改、构建合规管理体系，针对企业已暴露的管理漏洞和潜藏的合规风险，按照一定的合规标准所制定的一系列工作安排。合规计划作为开展合规整改和合规建设的文件需要向第三方监督评估组织提交，由第三方组织进行审查。在第三方组织提出意见建议时，还要及时修改和完善。

由此可知，合规计划并非仅仅由涉案企业单独制定，还需要第三方组织的审查和确认。所以，合规计划一旦最终完成，便具有了相当强的稳定性，如果没有特殊的事由并再次经第三方组织审查，是不能随意变动的。同时，合规计划在经第三方组织确认后，就具备了一定程度的强制力，涉案企业应当严格按照合规计划的内容开展合规整改和合规建设，在考察期内完成合规计划的要求。对于企业合规顾问，必须高度重视合规计划的制定，合规计划关乎着后续整改、合规建设、验收，以及最终案件处理等一系列重要事项的结果。

一、合规计划制定的原则

合规计划的制定要因企而变、因案而变，但是无论什么样的计划，在刑事合规中均应遵循三个原则，即可行性、有效性与全面性原则。第三方组织也是围绕着这三个原则对合规计划进行审查。

（一）可行性原则

合规计划需要结合涉案企业所犯罪行和企业的实际情况来制定，涉案企业的规模、性质、主营业务以及利润水平等都会对合规计划的制定产生影响。一般而言，合规计划的可行性应当关注以下三个方面：

一是成本方面。合规计划的内容应当符合涉案企业当时的经济条件，不能远超出企业所能负担的成本。合规建设并不直接产生经济效益，对于企业是额外的经济负担。尤其是在涉案企业已经因犯罪要承担各项罚款、赔偿损失等情况下，合规建设必须考虑成本问题。比如对于一些规模较小的企业，不能、也不应像大型企业一样，设置一个十几人的独立合规部门。

二是技术方面。合规计划中相关技术方面的内容，一般不应当超越涉案企业所能达到的技术水平。比如很多涉案企业存在排污问题，而污染物的排放和处理可能存在多种技术方式。合规计划应当针对涉案企业本身的人员、场地、设备等软硬件条件采用最为合适的技术。

三是期限方面。在刑事合规制度相对成熟的国家，涉案企业的考察期动辄三年、五年。与之相比，我国目前企业刑事合规的考察期仍然受限于司法机关的办案期限，通常为六个月，最长也不过为一年。所以，合规计划的设置也要充分考虑考察期较短的现状，妥善安排各项合规建设的内容，确保合规建设能够在考察期内执行完毕，并预留充足的时间给第三方组织考察验收以及司法机关作出最终处理决定。

（二）有效性原则

刑事合规应避免"纸面合规"，合规是否有效，从根本上来说是合规计划执行的结果问题。但是，作为合规建设的起始环节，制定合规计划应当预先关注合规的有效性。一方面，应当参照目前成熟的合规标准，比如《ISO37301合规管理体系要求及使用指南》《中央企业合规管理办法》等权威文件，将合规管理体系的通用要素嵌入合规计划中；另一方面，应当关注涉案企业的规模、性质等基本情况，对通用要素进行合理化改良，设计出适于企业长期运行的合规措施。

（三）全面性原则

刑事合规解决的是涉案企业在违法犯罪中暴露出的管理问题。所以，其所需要的不是那种"一揽子""大而全"的综合合规计划。在多数情况下，涉案企业需要的是专项合规，少数情况下可能是多项合规。因此，刑事合规的全面性原则并不是指合规计划要覆盖企业管理的方方面面，而是指合规计划的内容在针对管理漏洞的基础上，一方面实现合规措施体系化，各部分内容能够互相支持、互相贯通，形成一个有机整体，全面解决管理漏洞、防范违法犯罪的风险；另一方面实现对所有相关业务流程环节的全覆盖，确保不留死角。

二、合规计划的内容

在可行、有效、全面原则的指导下，合规计划应当具备以下要素：

（一）合规部门或人员

企业合规制度的实际运转需要有人监督和执行，日常合规培训、合规解答以及其他合规事项也需要人员去完成。并且，由于合规事项重要、复杂，有必要设置专门的部门，或设定专职岗位来完成这些工作。根据涉案企业的规模、性质、现有人员情况等，在合规计划中应当灵活选择设置合规部门还是设定专职合规岗位，合规人员的数量也应当匹配整体合规工作的要求，尽可能达到较高的人效比例。在合规计划中，还应当明确合规部门的职责和每一名合规人员的岗位要求，使得合规部门和人员能够充分发挥自身职能，增强合规工作的执行力。

（二）整改方案

刑事合规计划必须关注已发生的违规违法问题。通过前期的尽职调查，合规风险已经基本梳理清晰。针对这些已发生和可能发生的合规问题，应当针对性地制定整改方案，有效消除违规违法的负面影响，防范风险的再发生。

整改工作应当按计划、有步骤地进行。所以整改方案中需要明确整改的期限，对每一项工作设定相对清晰的完成时间节点。整改期限应当在综合考验期的时长、合规体系搭建的工作情况来综合设定。

（三）合规体系

合规体系包含三个方面，即合规预防体系、识别体系和应对体系。预防体系是指，合规计划要建立合规管理制度，实现权力合理化分配和运作，最大限度地减少违规违法行为的发生；通过合规培训和合规文化培育，增强员工主动合规的意识。识别体系是指，合规计划具有预警效果，在业务流程运作过程中，各环节均应关注合规问题，在发现存在合规风险时及时向合规部门或合规人员报告。应对体系是指，在发生违规违法行为后，企业能够及时对相关事件做出反应，合理应对已发生的合规危机。

第四节　如何协助企业履行合规计划

在合规计划获得司法机关或第三方组织批准后，企业合规顾问应当按照合规计划的内容，协助企业履行合规计划，加强合规制度执行，有效发挥合规体系预防违规违法行为的作用，真正促进企业依法依规经营。具体协助工作包括以下四方面：

一、召开股东大会和全体员工会议

股东是企业的所有者，股东的意志对于企业发展十分重要。召开股东大会的主要目的在于，树立企业依法依规经营的战略，在合规发展这一关键目标上形成共识。在股东大会上，合规顾问应当结合企业发展的内外部环境，法治发展现状、市场竞争态势等，向参会股东传达遵规守纪是企业行稳致远的重要基础，任何企业都无法脱离规则而发展，企业必须将依法依规经营、构建合规体系作为企业发展战略之一，在合法合规经营中不断提高企业的市场竞争力。

在股东大会形成共识的基础上，合规顾问应当协助涉案企业修改企业章程，确定依法合规经营的方针，协助作出设置合规部门、确定合规人员的决定，明确合规部门和人员的职责和权限。

在合规计划开始执行之前，合规顾问还应当协助涉案企业召开全体员工会议，动员全体员工参与到合规建设中。股东大会仅是确定了企业的基本合规战略，具体合规制度执行仍然需要全体员工来完成，因此，凝聚合规共识、统一合规思想是必要的。

在会议上，企业的董事长、总经理等高级管理人员应当向全体员工宣布企业的合规发展战略，传达企业合规发展理念，宣读与员工有关的重要合规计划内容。会议还应当举办高层合规宣誓仪式，将高层落实合规态度传递给每一位员工。

二、搭建合规管理架构

企业的任何行动和目标都需要一个完整、高效的组织管理结构来落实，合规战略也不例外。一个完整的合规管理架构主要包括合规管理委员会、首席合规官、合规部、合规专员四个部分，但是根据企业的规模、性质，对上述架构可以进行灵活地缩减、调整，以匹配企业的实际情况。

（一）合规管理委员会

合规管理委员会的主要组成人员为企业的高级管理人员，其在企业内的地位仅次于董事会。合规管理委员会是合规管理领导机构，承担组织领导和统筹协调的工作职责，负责制定年度或季度的合规工作规划；听取并审议年度或季度合规工作报告；依据企业内部的管理规定，作出对违规、违纪人员的处理决定；研究并决定合规管理的其他重要工作。

（二）首席合规官

首席合规官是专为合规管理而设置的高级管理岗位，属于企业高管，主要负责企业的合规管理事务。

（三）合规部

合规部是具体开展合规各项工作的内设部门。其主要工作职责包括：拟定合规工作计划；主动开展合规风险识别、监测、报告；梳理内部工作流程并提出合规建议；组织开展合规培训，提供合规咨询；对违规行为进行调查核实并提出处理建议。

（四）合规专员

合规专员一般设置在企业的其他内设部门中，负责相应部门的合规管理工作，并配合合规部开展其他具体的合规工作事项。

通过上述设置，可以形成一个既有垂直监督、又有水平协作的合规管理组织体系。在合规架构设立伊始，合规顾问还应当对有关的合规人员进行初步合规培训，明确各自的合规职责和工作内容，并在实际工作中，给予及时和充分的指导。通过这些工作，不断增强合规人员的判断能力和规则意识，最终提升企业整体的合规管理水平。

三、制定合规文件

合规工作需要有相关的工作指引，以便全体人员在履行职务时参照。对于刑事合规而言，合规顾问需要基于案件所暴露的合规风险，制定重点领域的专项合规制度。制度的制定还要结合企业业务运行的基本情况和未来发展定位，并结合外部法律法规，确保合规制度与企业整体制度协调一致、与国家法律法规相统一。因此，合规顾问首先要全面梳理与专项合规相关的国家法律法规，查找与本领域相关的禁止性规定，灵活转化为内部合规文件的条文，并结合企业的实际情况进行相应的细化，最终形成完善的合规文件。对于一些特殊的岗位或者风险因素，还需专门制定员工手册，方便员工在遇到合规疑惑时可以随时翻阅，明确合规界限。

四、搭建合规体系

合规体系对于充分实现企业合规经营具有举足轻重的作用。搭建合规体系应当包括预防、识别、应对三个方面。

（一）预防体系

合规风险预防的一个重要方式就是培育合规文化。合规应当成为企业文化的重要组成部分，成为全体员工的价值理念。当企业有了浓厚的合规文化后，这一组织上上下下的员工都会清晰地知道自己应当在工作中采用何种行为方式，对员工实现无形的指引和规范，在降低合规成本的同时，提升合规的效能。为此，合规顾问应当对全体员工开展合规培训，使员工了解合规知识、树立合规理念，自觉地加入到合规管理中，营造良好的合规氛围。相关培训可以定期或不定期开展，以切实达到合规文化塑造的目的。

（二）识别体系

识别体系主要致力于对合规风险的识别。合规顾问要针对重点风险领域、风险环节和高风险人员，设置相应的工作流程和工作规范，确保企业业务运作过程中，能够及时发现合规风险，并迅速流转至合规部门或合规专员处进行全面分析评估，及时采取有效措施予以化解，避免合规风险转化为现实的违规违纪行为。与此同时，合规顾问还应当根据合规流程，为企业重新设计或完善业务系统，将业务系统改造成适宜于合规流程的模式，不断加强对企业业务经营行为的监控。

在识别体系中，还应当建立举报制度。通过设立举报电话、信箱、网站等，畅通举报途径，使得员工在发现违规违纪等不合规现象时，能迅速向合规部门反映。一方面增强对不合规行为的震慑效果，另一方面拓宽对合规风险识别的方式。举报制度还应当加强对举报员工的保护，确保有关人员的信息处于保密状态，防止报复行为的发生。

（三）应对体系

应对体系要求企业能够对已发生或可能发生的违规问题进行快速反应，主要包括内部合规调查、外部调查配合等两方面。

对于内部合规调查，合规顾问需要协助构建合规调查的基本流程，从线索获取、调查方案拟定、开展访谈、调取资料，撰写报告等方面进行规范。对于调查核实后确证的违规行为，联合人事部门等共同确定惩戒方案。对于第三方违规，也要做相应处理，或是中止、结束合作，或是要求赔偿等。

外部调查，是指有权机关对企业违法违规行为进行调查。合规顾问应当协助企业构建快速反应机制。一般而言，企业应当积极配合并协助有权机关的调查，及时提供相应的文件材料，并为调查提供便利条件。

在协助企业履行合规计划过程中，合规顾问还要定期对合规管理工作进行总结和评估，不断发现合规管理中存在的不足和问题，进一步完善合规管理流程，更新合规管理措施，优化合规管理方式，不断增强合规管理的有效性。

第五节　如何为企业准备合规听证

根据目前各试点地区的企业刑事合规实践，在涉案企业完成合规整改后、拟作出最终案件处理决定前，部分案件会召开公开听证会，听取各方意见，为最终作出处理决定提供参考。《关于建立涉案企业合规第三方监督评估机制的指导意见（试行）》对听证工作也做了明确要求，第十五条规定："人民检察院对于拟作不批准逮捕、不起诉、变更强制措施等决定的涉企犯罪案件，可以根据《人民检察院审查案件听证工作规定》召开听证会，并邀请第三方组织组成人员到会发表意见。"在试点实践中，对于大部分开展合规建设的企业，检察机关最终可能都会拟作出不批准逮捕、不起诉、变更强制措施的决定。换言之，开展刑事合规的涉案企业基本都是具备召开听证会基础的。同时，最高人民检察院也明确要求全面推开检察听证，坚持"应听证尽听证"[①]。因此，准备合规听证也是合规顾问应当掌握和具备

①《坚持"应听证尽听证"全面推开检察听证》，载《检察日报》2021年4月17日。

的重要技能。

一、了解听证员的基本情况

根据《人民检察院审查案件听证工作规定》（以下简称《听证规定》），人民检察院决定召开听证会时，会确定听证会的具体参加人员，并告知当事人主持听证会的检察官及听证员的姓名、身份。这里的"检察官"一般就是指负责案件办理的检察官，其掌握着案件的决定权。"听证员"则是与案件没有利害关系并具备一定条件的社会人士，这部分社会人士一般会邀请人大代表、政协委员、法学教授、特殊领域的专业人士等。

听证员的意见对于检察机关对案件作出最终决定具有举足轻重的作用，从《听证规定》中就可以窥知其价值："听证员的意见是人民检察院依法处理案件的重要参考。拟不采纳听证员多数意见的，应当向检察长报告并获同意后作出决定。"一般来说，听证员的多数意见检察机关是要采纳的。因此，通过听证会，使多数听证员认同不批准逮捕、不起诉、变更强制措施的结论是十分重要的。

对于合规顾问来说，为了达成这一目标，需要在听证会前充分了解参与听证人员的基本情况，以便于以合适的方式来说服听证员。具体需要了解的内容有：听证员的教育背景、职业经历、专业领域，对涉案企业业务内容的了解程度、个人态度，与案件是否有利害关系，等等。合规顾问要围绕这些方面，通过网络搜索、资料查阅、相关人士访谈等公开、合法的方式来尽可能多地获取上述信息。

二、整理合规材料

合规整改期间形成的材料承载着涉案企业合规建设的全部工作和成效。虽然在考察期内，相关材料可能已经陆续提交给检察机关或第三方组织，但是在听证会之前，合规顾问仍应辅导涉案企业重新梳理这些材料，并按照合理顺序整理成册。对于听证员而言，其并未参与到合规启动、整改、考察、验收的全过程，听证会是他们第一次也是唯一一次了解涉案企业情况的场合。在这个场合下，合规顾问应当协助涉案企业充分展示企业的基本情况及合规整改情况，以便听证员对企业有充分的了解，并作出有利于涉案企业的听证意见。此时，合规材料便是最直观的展示内容。

三、撰写用于听证的报告

听证会上，当事人要完成的一项重要工作是，就需要听证的问题说明情况。企业刑事合规案件需要听证的问题主要是是否批准逮捕、起诉、变更强制措施。这些听证问题归根结底，可以总结为涉案企业是否有必要挽救。这也是企业合规改革试点工作的初衷，挽救应当挽救的企业，保障经济平稳发展。所以，涉案企业可能要说明的情况就包括：企业的生产规模、经营现状、合规整改情况、认罪认罚态度、主动补缴税款、赔偿损失、恢复环境等修复法益的情况。可见，听证会要展示的不仅仅有企业合规整改的内容，还包括企业其他各方面的情况。因此，合规顾问有必要就听证的相关问题，撰写一份完整的报告，以协助企业准确、全面地将有利于自身的情况汇报给听证员。

四、听证培训

绝大部分涉案企业是第一次参加企业合规听证会，他们对于听证会的要求、程序、需要注意的问题是完全不了解的。在听证会之前，合规顾问必须要对企业进行相应的培训，保证涉案企业的参会人员了解听证会的相关内容，以便更好地向听证人员汇报相关情况、展示相关材料，并自如应对听证员的询问。

≫ 第十一章　并驾齐驱
做好行政合规实现"软着陆"

　　2021年6月3日，最高人民检察院举行"依法督促涉案企业合规管理将严管厚爱落到实处"新闻发布会，由最高人民检察院牵头会同司法部、财政部、生态环境部、国务院国有资产监督管理委员会、国家税务总局、国家市场监督管理总局、全国工商联、中国国际贸易促进委员会等九部门联合印发《关于建立涉案企业合规第三方监督评估机制的指导意见（试行）》（以下简称《意见》）。最高检指出，最高检将会同国资委、财政部、全国工商联、中国贸促会等各部门充分发挥职能作用，抓好《意见》的贯彻实施，认真研究解决遇到的问题和困难，及时总结正反面典型案事例和经验做法，努力为推动建立中国特色现代企业规制司法制度提供实践基础。

　　最高检之所以连同九部委一同召开会议并印发《意见》，引入相关行政机关作为第三方监督评估方，是因为行政机关可以从行政合规的角度对刑事合规成功与否予以判断，也是因为行政合规本质上就是刑事合规的重要内容。因此，做好行政合规对刑事合规而言至关重要。

第一节　行政合规是企业合规的根本内容

一、行政违法是刑事合规犯罪产生的前提

根据刑事合规的基本理论，我国目前推行的对企业违法犯罪实施的刑事合规，涉及的单位犯罪基本都属于"法定犯"或者"行政犯"。这类犯罪并非当然具有侵害社会秩序的性质，而是为适应形势的需要，或者为贯彻行政措施的需要，而特别规定的犯罪。例如最高人民检察院发布的首批四则企业合规改革试点典型案例中，涉及的污染环境罪、虚开增值税发票罪、行贿罪、带有涉黑因素的企业串通投标罪。①

我们以环境污染类犯罪为例：《刑法》第338条的环境污染罪的够罪前提是"违反国家规定"。在此，"违反国家规定"中相关的国家规定就包括《大气污染防治法》《固体废物污染环境防治法》《水污染防治法》《海洋环境保护法》以及《环境保护法》等法律以及国务院颁布的有关实施细则。可见污染环境罪是以违反以上法律、法规为前提的犯罪。以《大气污染防治法》为例，该法规定的违法责任都属于行政责任，诸如责令改正、停产停业、罚款等，但是当违法情节

---

① 案例来源于最高检刑事合规典型案例。

严重的时候，就会构成犯罪，追究刑事责任。由此可见，行政违法是该类犯罪构成的前提。

对于刑事合规而言，前端避免犯罪的产生，就需要在犯罪发生之前进行好行政合规，将犯罪行为消化在一般违法的范围内；后端如果已经出现犯罪事实，说明违法行为已经达到比较严重的程度，需要通过刑事合规不起诉的方法尽量达到避免刑事责任的目的，这时候对企业的经营过程进行合规，也是通过合规的方法消除行政违法风险，避免犯罪事实再次出现。

二、行政合规是刑事合规的必要手段

我国目前探索的刑事合规，其主要合规步骤包括：对企业相关的合规风险排查、识别；针对企业的风险，制定合规方案；根据合规方案对公司管理架构重新设计；设立或完善专门的合规部门，执行合规方案；提交合规计划执行报告；接受合规考察，根据监管人检查反馈意见及时调整合规执行措施；通过自身整改、结合监管人意见最终实现企业全经营链条合法合规，为违法犯罪设立防火墙，降低再次违法犯罪行为发生的风险。

纵观以上步骤，总结起来就是通过合规的方式，实现企业架构合法化，即保障企业在生产经营、内部管理、销售等各个经营环节的合法化。而这一过程实际上就是使企业管理、生产经营符合相关法律、行政法规的过程。在这一过程中，大部分的内容都要通过行政合规的手段来完成，以保证企业符合相关法规、规章或者规范性文件的要求，从而达到降低行政风险，最终降低或避免刑事风险的目的。因此刑事合规很多内容都以行政合规的方式来实现，行政合规是刑事合规必须要采取的手段之一。

我们以虚开增值税专用发票的刑事合规案件为例①：A公司为他人虚开增值税专用发票，涉案税金约90余万元，于2021年被立案侦查。由于该企业所在地区在合规试点范围之内，因此企业积极联系了律师，由律师向检察院申请进行刑事合规工作。顾问律师在排查企业风险点之后，针对涉税类案件的特点，对企业的基本框架进行了重新搭建，并设计了合同管理规定、税务风险管理制度、财务管理制度等相关制度及监管办法，确保企业经营的各个环节都在法律的框架之下运行。

该案例中涉及了多项制度的设置，比如其中的"税务风险管理制度"，该制度的设计、运行和监管，其本质上都是对《税收征收管理法》《企业所得税法》《增值税暂行条例》等法律法规的具体实施和运用。而《刑法》中规定的涉税犯罪往往是这些规定中的涉税行为的严重情节，基于此，在设计税务风险管理制度的时候，就要依据相关法律法规所设定的各项纳税义务，作出特别强调；纳税申报务必具有及时性和真实性；对税务机关的补缴通知或者相关决定及时处理；通过与行政机关沟通、积极配合执法调查等。这些行政合规的方式能够最大限度及时化解刑事风险，可见行政手段的合规方式也同时保障了刑事合规的有效完成。

---

①案例来源于刑事合规办案实践。

三、实现行政合规是刑事合规考察的重要标准和根本目的

在刑事合规进入考察期之后，检察机关以及第三方监管机构会对合规成果进行考察，只有通过考察的企业才能取得不起诉等理想的合规效果。比如2021年9月28日，无锡两级检察机关就当地两家涉税刑事案件企业合规建设开展中期监督考察，发现其中一家企业合规计划合理性相对不足、企业合规未全员参与、企业合规流于形式，未达到中期考察要求，对该企业出示了黄牌警告，而另一家企业的合规开展则达到阶段性预期①。由此可见，合规考察是最终完成刑事合规的关键环节。而通过合规考察中非常重要的一点就是要实现行政合规。就如我们前面提到的，这是因为开展刑事合规的企业所犯的罪名一般都属于行政犯，行政违法性是其犯罪的前提条件，想避免犯罪行为的再次发生，就要避免违法行为的发生，只有实现了行政合规，才能不发生违法行为，才能从根本上化解企业单位犯罪的隐患。所以可以说，企业刑事合规的根本目的就是要实现行政合规。

这里我们看一下另一起涉税刑事合规最终取得不起诉结果的案例②。

基本案情

Y公司、唐某以骗取税款为目的，在无真实运输业务的情况下，通过他人虚开增值税专用发票27份，涉及税款18.6万余元，均由Y公

---

① 案例来源于微信公众号"滨检在线"《合规考察不合格，检察院发出黄牌警告！》。
② 案例来源于江苏省检察院"优化服务举措·护航民企发展"新闻发布会通报的8起典型案例。

司予以抵扣税款。案发后，Y公司补缴了全部税款。唐某主动向侦查机关投案，如实供述犯罪事实，自愿认罪认罚。侦查机关以Y公司、唐某涉嫌虚开增值税专用发票罪，向检察机关移送审查起诉。在审查起诉过程中发现，Y公司存在财务管控不规范、内部管理有漏洞、危废处理不合规等刑事风险点。检察机关针对上述风险点，向税务局、安全环保局、社会保障局等单位进一步了解核实相关情况，并建议Y公司在财务制度、危废处理、日常管理等方面加强刑事合规建设。Y公司邀请企业刑事合规专业律师担任公司独立合规审查专员，对公司进行合规评测，围绕企业运管、生产经营、财税申报、环保处置、应急管理等方面建立完善相关制度二十余项。

合规完成后，检察机关召开不起诉案件公开审查听证会，邀请侦查机关代表、人民监督员、特约监察员等参加。与会人员一致认为，Y公司、唐某的行为构成虚开增值税专用发票罪，但虚开的税款数额不大，情节轻微，及时补缴了全部税款且具有自首、认罪认罚等从轻、减轻情节，可以对Y公司、唐某作相对不起诉处理。最终，检察机关依法对Y公司、唐某宣告相对不起诉决定。

上述案例我们可以看出，Y公司能够通过合规考察，取得相对不起诉的良好结果，主要原因在于其进行了"围绕企业运管、生产经营、财税申报、环保处置、应急管理等方面建立完善相关制度二十余项"的合规整改，而这些合规整改有很大比重属于行政合规的内容。比如，企业运营合规，就要符合《民法典》中公司运营的规定，而违反这些规定，可能会受到市场监督部门的处罚或者处理。应急管理方面合规可能涉及消防安全等规定，不合规会受到消防部门的处罚或者处理。由此足见，刑事合规整改内容多与行政合规息息相关，只有真正了解相关的行政法规，懂得相关行政机关的处罚方向和职权，理解相关规定中行刑交叉部分的具体内容，才能做到有效的行政合规，最终真正实现有效的刑事合规。

第二节　行政合规与刑事合规的衔接

一、刑事风险发生前的行政合规

发生刑事风险之前的行政合规一般有以下四种方案：

（一）完成行政机关强制合规的要求，为企业提供风险评估、防控、合规整改等合规方案

所谓行政机关强制合规，就是在刑事风险发生之前，应各行政部门要求进行的合规，其本质目的都是通过风险防控的方式，将企业管理、运营中存在的隐患查找出来并及时修正排除，实现企业依法经营的目的。以大家都比较熟悉的"美团垄断案"为例，2021年10月市场监督管理总局对美团在中国境内网络餐饮外卖平台服务市场实施"二选一"垄断行为作出行政处罚。该《行政处罚决定书》的处理决定中明确载明："根据《行政处罚法》坚持处罚与教育相结合的原则，本机关结合本案调查过程中发现的问题，制作《行政指导书》，要求当事人全面整改，依法合规经营。"同时在《行政指导书》中列明了整

改方案并要求企业，"按照要求制定整改方案，明确整改任务和完成时限，于10月29日前报相关机关，并自收到本指导书之日起3年内，每年12月31日前向机关报送自查合规报告。同时，建议企业主动向社会公开合规情况，接受社会监督"。这些关于合规的要求就是属于强制合规，企业需要按照行政机关的合规整改的方案，制定更加具体详细的合规方案，并向行政机关提交合规方案。

此外，国资委发布的《中央企业合规管理办法》于2022年10月1日生效。该《办法》以强制性的方式要求央企推行合规管理。不但明确规定中央企业合规、合规风险、合规管理的内涵、制度建设方式和运行机制，还要求"中央企业应当建立所属单位经营管理和员工履职违规行为记录制度，将违规行为性质、发生次数、危害程度等作为考核评价、职称评定等工作的重要依据"，以制度的方法保障合规的有效实施。

中国证监会也颁布了《证券公司和证券投资基金管理公司合规管理办法》（以下简称《证券合规管理办法》），以行政规章的方式规定了在中国境内设立的证券公司和证券投资基金管理公司（以下统称"证券基金经营机构"）应当按照该办法实施合规管理。这同样是一种强制合规的要求，证券基金经营机构应按照该办法的规定进行合规，使其与工作人员的经营管理和执业行为符合法律、法规、规章及规范性文件、行业规范和自律规则、公司内部规章制度，以及行业普遍遵守的职业道德和行为准则，建立合规管理机制，防范合规风险。

对于这种有行政强制要求的合规，在合规工作中要注意以下两点：

1.要鉴别企业合规要求的具体方向，对于行政指导书中已经明确合规内容的，围绕合规内容进行分析、制定合规方案；对于应法规、规章要求的强制性合规，要根据公司的业务领域，确定合规的方向；确定合规方向之后，针对该方向对企业进行风险评估，进行企业体检找到风险点。

2.要针对风险点和重要防控的领域结合合规的要求制定一套完整的合规计划；在合规计划的积极实施中，要结合企业的实际以及主要的风险点，以法律法规为标尺，为公司量身制定一套运行顺畅、行之有效、监督得力的规章制度；在规章制度的运行中，要邀请主管行政机关进行检查监督评估，发现疏漏及时指出及时改正；在合规制度运行一段时间之后，结合主管部门的要求按时提交合规报告。

（二）按照相关行政法规、规章的要求，向主管机关提出企业无责的抗辩

我国当前有些行政法规、规章已经开始采取对有合规机制的企业区分企业责任和个人责任的做法。对这些拥有合规机制的企业，在面临相应处罚的时候，可以提出抗辩以免除或者降低自己的处罚。

1.主要责任人尽职的抗辩。

在公司违法行为中，主要负责人员往往会一并受到处罚。但是也有一些行政法规规定主要负责人员尽到相关职责的时候，可以拥有豁免处罚的抗辩权。例如：《证券合规管理办法》第36条第二款规

定："对于证券基金经营机构的违法违规行为，合规负责人已经按照本办法的规定尽职履行审查、监督、检查和报告职责的，不予追究责任。"由此可见在一些特殊的行政法规中，可以向主管机关抗辩，免除合规负责人的责任。

2.非企业行为的抗辩。

有些法律法规、行政规章中也会把企业和员工的责任相分离，为企业提供无责抗辩的机会。例如，《反不正当竞争法》第7条第三款规定："经营者的工作人员进行贿赂的，应当认定为经营者的行为；但是，经营者有证据证明该工作人员的行为与为经营者谋取交易机会或者竞争优势无关的除外。"这种情况下，在为企业提供合规管理时如发现确实不属于企业责任，则可向主管机关抗辩，以实现责任切割，避免企业受到损失。

3.义务履行的抗辩。

还有一些法律法规规定了企业的一些义务，以及违反这些义务会受到的处罚，这种情况下，通过合规排查企业行为，可以向主管机关抗辩企业已经履行了相关的义务，进而应该免除相应的处罚。例如，《网络安全法》第59条第二款规定："关键信息基础设施的运营者不履行本法第33条、第34条、第36条、第38条规定的网络安全保护义务的，由有关主管部门责令改正，给予警告；拒不改正或者导致危害网络安全等后果的，处十万元以上一百万元以下罚款，对直接负责的主管人员处一万元以上十万元以下罚款。"在此，我们可以结合企业相关履行义务的情况向行政机关进行企业无责或者责任较轻的抗辩。

综上，在进行无责抗辩的具体操作中，我们可以结合实际的案情进行分析。对于履行合规义务可以免除企业或者主要责任人责任的规定，就要向主管机关证明企业已经建立了有效的合规框架，对于每一种风险都具有相应的应对以及监督措施，已经发生的违法事件不属于企业或者主要责任人的放纵行为，不存在违法行为的主观过错，将员工的个人行为与企业行为相剥离。对于履行相关义务可以免除或者减轻相应处罚的，就要证明企业已经承担了相应的义务，积极向主管机关证明企业没有过错，以此主张应当免除处罚。

（三）依据相关行政法规的规定，协助企业提出行政和解方案

行政和解在我国运用较少，还属于小范围的试行阶段，但也可能会发展成为行政案件的一种化解方式。目前我国已经建立行政执法和解制度的领域包括：

反垄断领域中的经营者承诺，如《反垄断法》第45条第一款规定："对反垄断执法机构调查的涉嫌垄断行为，被调查的经营者承诺在反垄断执法机构认可的期限内采取具体措施消除该行为后果的，反垄断执法机构可以决定中止调查。"2019年国务院反垄断委员会制定出台了《垄断案件经营者承诺指南》，进一步完善了经营者承诺制度。国务院反垄断执法机构可以接受经营者的承诺，决定中止调查和终止调查，这实际上就是一种与执法机关达成的行政和解，这种和解有助于提高行政执法效率，节约执法成本，也能有效保护市场公平竞争、维护消费者利益和社会公共利益。

反倾销领域的价格承诺，如《反倾销条例》第31条规定："倾销

进口产品的出口经营者在反倾销调查期间，可以向商务部作出改变价格或者停止以倾销价格出口的价格承诺。"这也是一种与行政机关达成和解的方式，倾销进口产品的出口经营者，向外经贸部作出出口的商品不得低于某一价格承诺，从而达到实现中止反倾销调查的目的。

海关知识产权领域的承诺，如《知识产权海关保护条例》明确规定了执法中和解的运行方式。比如依职权和依申请的和解方式，认定侵权后放弃追究侵权责任人的和解等。

证券领域的执法和解：2015年中国证监会通过了《行政和解试点实施办法》，2020年修订后的《证券法》首次在法律层面确定了行政和解制度，2020年8月证监会发布了《证券期货行政和解实施办法（征求意见稿）》，对行政和解的适用范围、启动方式和实施步骤都进行了调整。

我国当前对行政和解的理论已经基本开始接受，能够接受行政权与民事主体的协议行为。但是证监会和解办法实施以来，只有两件案件以和解的方式结案。其中一件为司度（上海）贸易有限公司以及富安达基金管理有限公司、中信期货有限公司、北京千石创富资本管理有限公司、国信期货有限责任公司等五家机构及其相关工作人员，就其涉嫌违反账户管理有关规定以及资产管理业务有关规定的案件，向证监会申请行政和解①。该案件证监会按照《行政和解试点实施办法》与上述申请人达成行政和解。根据申请人在其涉嫌违法行为中所得金额等不同情况，五家申请人分别交纳行政和解金人民币6.7亿元、

①案例来源于证监会官网2020年第1号公告。

180万元、1000万元、235万元、100万元，并按协议要求采取了必要措施加强公司的内控管理，证监会依照规定终止对申请人有关行为的调查、审理程序。

对于这种行政和解案件，应当根据违法事实，提出适用行政和解的申请；在具体操作方面应该积极配合行政机关的调查，收集相关证据；对已经确认的违法事实予以承认并积极消除不良后果、与行政机关沟通和解金的数额、在行政机关有合规建议时，还应该协助企业进行合规整改，促进案件和解结案。

（四）应对行政机关的执法调查，取得最有利于企业的处理结果，化解潜在风险矛盾，降低企业的损失

行政合规的一个最重要的目的就是应对好行政调查程序，尽力避免案件被采取刑事立案措施，把案件化解在行政程序之中。

实践中，涉税犯罪有很多都可以在行政调查阶段予以化解，比如前文提及的逃税行为，如果在行政调查中积极配合，及时补缴并缴纳罚款，就很可能不被刑事立案，只是一个行政违法而已。通过协助调整，积极合规，即使不能够在行政程序中化解案件，也可以尽量为企业提出合规抗辩减轻行政处罚，或者促进刑事合规不起诉的进行。

例如，在前面章节中提到的最高检合规指导案例中的环保案例，该企业在行政调查程序中没有毁灭证据、掩盖事实，而是采取了主动投案的方式，如实供述犯罪事实，自愿认罪认罚。后检察机关对此案适用了刑事合规不起诉的规定，并依法向生态环境部门提出对该公司给予行政处罚的检察意见。最终，生态环境局根据《水污染防治法》

有关规定，对该公司作出行政处罚决定。因此，一旦在行政执法调查中发现企业存在违法行为，可能已经构成犯罪的，就需要及时在行政案件调查阶段着手开始进行行政合规介入，以争取行政方面的宽大处理并实现行政监管环节的"软着陆"。在这一环节，主要要进行的工作有以下四个方面：

第一，配合执法调查，收集违法事实和证据，评估违法程度。一旦行政机关在行政执法中发现了违法事实的存在，企业应该配合执法机关，就违法事实的范围、违法程度进一步展开调查。此时，可以确定多方位的调查方案，比如违法事实主要发生的部门、主要实施违法事实的人员或者主要责任人是谁、产生违法行为的原因、是否按照监管机制进行了操作，等等。只有对违法行为应受到的处罚做到心中有数，才能确定最恰当的应对方案。同时，我国《行政处罚法》规定配合行政机关查处违法行为有立功表现的，应当从轻或者减轻行政处罚，这是法定的从轻、减轻情节，一定要利用好。

第二，主动消除或者减轻违法行为危害后果。掌握违法事实之后，就应该积极补救，减少侵害。有些犯罪或者违法行为，通过及时补救就可以免于处罚。积极补救的方法如果有侵害对象的，就要赔偿或者补偿其损失，侵害对象是环境、矿产等自然资源的，要及时停止，改正违法行为，并配合处罚内容缴纳罚款，同时还应该消除违法行为造成的破坏性后果并且缴纳因违法行为产生的直接或者间接损失。我国《行政处罚法》对"主动消除或者减轻违法行为危害后果"的行为，亦规定可以从轻或者减轻处罚。

第三，结合违法事实，制定整改方案，并积极履行。整改是企业合规最核心的内容，只有从根本上对企业整改，杜绝了违法行为再次发生的可能性，才能通过合规考察。从行政调查程序就开始入手的企业合规更具有针对性和适应性。结合企业的违法事实，找到违法的漏洞所在，才能制定出对症的合规整改方案来。合规整改方案应该包括具体的操作制度和监督制度，并经过一定时间的运行检验，最终提交行政机关或者检察机关，以争取较轻的处罚或者适用刑事合规相对不起诉。

第四，与行政机关或检察机关沟通，争取最有利于企业的处理结果。结合企业案件的实际情况，如果是对行政合规强制要求的企业，在行政调查中应该向执法机关陈述合规构建情况，争取剥离企业责任与员工个人责任；对于可以实施行政和解的领域，积极促进行政和解的实现，避免处罚和犯罪追溯的产生；对于不能避免受到行政处罚的情况，也应该运用处罚法的从轻、减轻规定，争取最为宽大的处理；对于有可能追究刑事责任的企业，积极与检方沟通，争取适用刑事合规不起诉。

二、刑事合规中的行政合规

行政合规是刑事合规的重要组成部分。在刑事合规启动之后，合规方案的设计以及合规结果的第三方监管都属于行政合规的范畴，与刑事合规有相辅相成、互相促进的效果。在合规方案设计方面，应包括风险识别机制、风险控制机制和风险处置机制，这些方法和步骤大部分具有刑事合规和行政合规相交叉的特征。以下以企业环境污染涉刑案件为例，说明合规方案设计中刑事合规与行政合规交叉进行的方式和内容。

（一）刑事合规中的风险识别机制

风险识别机制能够保障企业及时发现风险，避免违法和犯罪的风险发生。在风险识别的合规方面，应涉及企业内部管理、企业经营和外部合作方面。

首先，在内部管理风险的识别中，要考察企业决策、授权、审批、执行等治理环节是否符合相关法律法规规定，是否能够有效防止违法行为的发生以及防止刑事风险的发生和扩大。

其次，在企业经营风险的识别中，应结合企业的业务类别、业务领域和业务流程，结合相关行政法规、刑事实务的定性规则确定风险指标并考察内部监管措施的有效性。

最后，在外部合作风险的识别中，重点对于合作伙伴的资质能力、行业资信、违法涉诉记录、是否存在违规外包问题进行企业外部风险调查，发现和排查企业的潜在风险。

（二）刑事合规中的风险控制机制

风险控制机制能够在排查和发现违法风险点之后，在企业经营和内部管理中融入合法合规的制度、构建合规管理框架、在业务管理中设计有效的监督和保护措施。例如，根据相关业务领域的环境法律法规及违法风险点，在决策、授权、审批等治理流程中设计执行规则和保护方案，从而提升企业不同层级部门和人员的合规能力，在企业管理方面保障合法化，预防刑事风险的发生。

（三）刑事合规中的风险处置机制

风险处置机制能够在发生风险事件后，通过合规的手段化解和处置风险，也是企业刑事合规的重要内容之一。在风险尚在萌芽阶段，通过责任分离，分清企业责任和个人责任，降低违法行为对企业的影响。在行政调查阶段如何配合行政机关的调查，尽量降低处罚力度，如何合理合法地与行政机关抗辩和解，都是行政合规的重要内容。

除前述的三个方面外，我国的刑事合规制度中，第三方监管对合规结果的审查也体现了行政合规的要求。最高检联合九部委发布的《意见》要求第三方组织应当对涉案企业合规计划的可行性、有效性与全面性进行审查，提出修改完善的意见建议，并根据案件具体情况和涉案企业承诺履行的期限，确定合规考察期限。第三方监管机构由特定领域的专家学者、行政机关、会计师、律师、税务师等组成，而其中行政管理机关最具有主导权，也最有专业性。因此第三方监管机构的监管过程与行政合规同样是不可分割的。

三、刑事合规完成之后的行政合规

刑事合规成功完成之后，一方面如果实现了刑事合规不起诉的目的，一般都会将涉案企业交由相关的行政机关对给予行政处罚和行政监管，以行政机关为主导，实现企业相关部门的合法合规，这是行政合规的一种方式；另一方面为了保持合规计划的持续有效运行，避免刑事合规流于形式，行政机关有时会指导企业建立行政合规的监督评价体系，以敦促企业勿忘合规之初衷，这是企业自主合规的另一种方式。在这种方式中，行政机关会对刑事合规后的合规效果进行持续性审查工作，这是一种企业自主合规与行政机关监控相结合的合规方式，其合规效果更为显著，最终保障刑事合规目的的实现。

综上，行政合规与刑事合规相辅相成、互相促进。做好行政合规，能够实现企业风险"软着陆"，保障刑事合规不起诉效果和目标的达成。

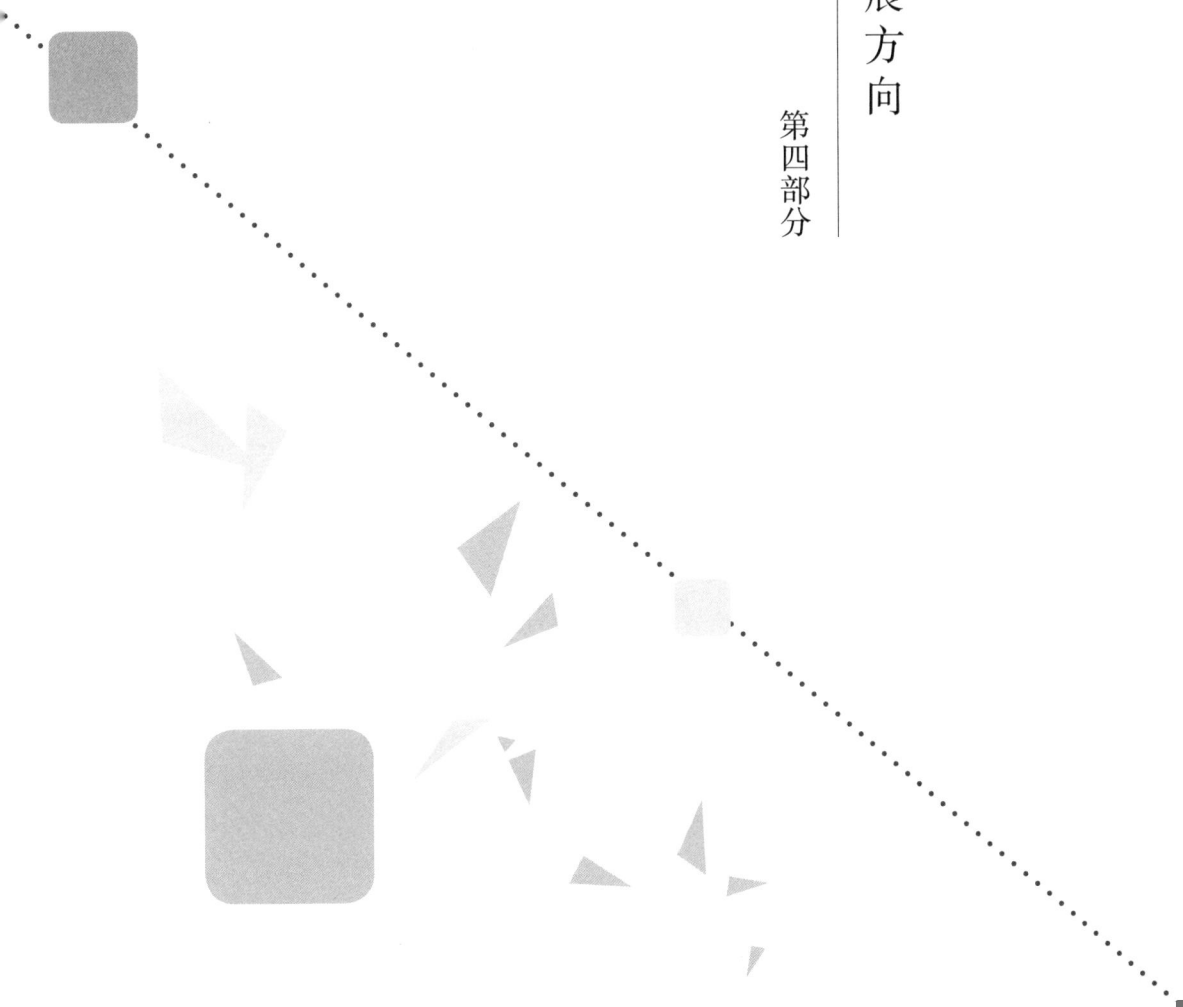

企业刑事合规的发展方向

第四部分

第十二章 未来方向 刑事合规的技术实现

第一节 企业合规的未来挑战

2020年3月，最高检在上海浦东、金山，江苏张家港，山东郯城，深圳南山、宝安等6家基层检察院部署开展企业合规改革第一轮试点工作。2021年3月，最高人民检察院启动第二轮企业合规改革试点工作，试点范围涵盖北京、辽宁、上海、江苏、浙江、福建、山东、湖北、湖南、广东等10个省和直辖市，由省级检察院自行确定两到三个地级市检察院及其所辖基层检察院作为试点单位。截至目前，10个省级检察院共选取确定27个市级院和165个基层院作为试点院开展改革工作，这些检察机关改革热情高涨，试点范围大幅扩展。

2022年1月17日召开的全国检察长（扩大）会议，对2022年企业刑事合规改革工作作出了新的部署。会议指出，"涉案企业合规改革今年3月第二批试点结束，最高人民检察院将总结经验，在全国检察机关全面推开。做实企业合规，重在落实第三方监督评估机制。在有关部门大力支持下，国家层面的第三方监督评估机制及其管理委员会、专业人员库已陆续建立。各地要积极主动商请相关部门抓紧推进，做好企业合规'后半篇文章'"。

根据全国检察长（扩大）会议的精神，2022年4月2日，涉案企业合规的改革试点在全国检察机关全面推开。而据民政部官方网站发布的2020年中国行政区划统计表显示，截至2020年12月31日，全国共有34个省级行政区划单位（其中：4个直辖市、23个省、5个自治区、2个特别行政区），333个地级行政区划单位（其中：293个地级市、7个地区、30个自治州、3个盟），2844个县级行政区划单位（其中：973个市辖区、388个县级市、1312个县、117个自治县、49个旗、3个自治旗、1个特区、1个林区）。每个行政区划虽然都对应着相似建制的检察院，但每个行政区划中分布着不同的行业以及不同数量的企业，而且每个行政区划的专家储备也各不相同。随着合规改革由试点推向全国，合规改革势必会在宏观和微观层面面临新的挑战。

一、合规的区域化与一体化

区域经济发展不平衡、不充分仍然是中国经济社会发展面临的长期问题。无论中国南方与北方，还是东部与西部，经济总量的差距越来越明显。比如，2018年，北方地区经济总量占全国的比重为38.5%，远低于南方地区的61.5%；2020年，西部、东北地区GDP总量占比不足全国的15%。

　　区域经济发展不平衡的中微观表现是产业、企业以及专业人才在地域上的分布不均衡。以高新技术产业为例，我国国家级高新区域分布主要集中在东部沿海，华东、华中地区的高新开发区的数量为88家，占比达到了全国国家级高新区总数（共168家）的53%；而西部、东北地区则仅有27家，占比仅为16%。高新产业在东部的聚集，导致了相关人才、专家也主要聚集于东部。西部、东北、华北地区虽然也存在一些高新企业，却缺乏相关的人才、专家。对于高新企业合规计划的制定、核验标准必然有别于传统企业，因为高深的专业知识只有相关领域的专家可以解读，与之相应的业务流程、内控制度也需要相关专家的参与。比如，作者本人参与办理的内蒙古自治区某交易所涉嫌非法经营期货一案，本案嫌疑人于2021年4月份被刑事拘留，恰逢2021年6月3日最高检发布《关于建立涉案企业合规第三方监督评估机制的指导意见（试行）》的通知，我们便尝试在当地启动企业刑事合规。但推动过程中我们发现，当地的检察机关第一次接触此类案件，政府监管部门对该企业从事的业务也毫不理解，以往的监管形同虚设，当地更找不到相关的专家。碰到这种情形，即便律师提交了合规计划，当地的检察机关也没有能力审核合规计划的可行性。

　　上述事例虽是个案，但司法管辖的区域化与产业分布、行业专家的不均衡之间的矛盾，会随着合规在全国的推进逐渐凸显，而全国性跨区域经营的企业会加剧这一矛盾。作为微观市场经济主体的企业很可能跨区域经营，分支机构遍布全国，对这类企业合规计划的制定、监督、评估，有可能涉及监督评估委员会、第三方监督评估组织、行政机关以及检察机关的跨区域协作。面对上述挑战，有必要建立全国性的合规平台，调配全国的行业、行政、司法资源，以兼顾合规的一体化和区域化特点。

二、监管的标准化与个性化

俗话说，"三百六十行，行行出状元"，但在多元化的今天，行业远远不止三百六十行。我国行业约有921个之多，其中主要包括农业41个、采矿业33个、制造业484个、交通运输业37个，以及其余其他行业300多个。

常言道，"隔行如隔山"，行业之间差异巨大。在业务角度，每个行业涉及不同的专业知识，有着不同的业务流程；在法律规范角度，国家对某些行业出台了专门的法律法规，每个行业也有各自特有的行业规范。以特种设备行业为例，国务院2009年1月24日发布了《特种设备安全监察条例（修正）》，全国人大常委会2013年6月29日发布了《特种设备安全法》，而具体到特种设备中的锅炉、管道的标准，国家市场监督管理总局又发布有《锅炉安装工程施工及验收规范》《压力管道监督检验规则》。当这类企业涉嫌工程重大安全事故罪时，若未来可以启动企业刑事合规，这类企业的合规计划必然要结合该领域的专业特点，否则药不对症，无异于隔靴搔痒。

企业刑事合规的对象便是这近千各不相同行业中数不胜数的企业，在推进企业刑事合规的过程中，如果对这些特异化的企业制作同质化的统一合规标准，进行"一刀切"，无疑会使企业刑事合规流于形式，最终治标不治本，犯罪的企业很有可能重蹈覆辙。所以，面对不同行业的不同企业，应当兼顾合规标准的标准化和个性化，避免"一刀切"的做法。

三、刑事合规的事后性与预防性

从概念的内涵角度看，刑事与合规存在一些矛盾。国际通说认为合规是预测、识别和解决风险的机制，其本质在于风险的防范。当前的刑法体系则是以法益侵害为前提，所设置的罪名以实害犯为主，当行为人实害行为发生后对其处以刑罚。企业刑事合规也不例外，实质是在企业做出了侵害法益的实害行为之后，以其承诺进行合规改革并践行为前提，对其进行从宽的处理，以期望涉刑企业从此合法合规经营。可见，合规具有预防性，而企业刑事合规则具有事后性。事实上，风险社会的到来会加剧这一矛盾。风险社会是社会学中的一种观点，称人类社会已经从工业社会、现代社会进入了风险社会，威胁人类社会本身的不再是自然风险，而是人为风险。尤其是科学技术发达的今天，人为的风险确实被科学技术放大了无数倍。比如，1986年苏联的切尔诺贝利核电站事故，数万人因此失去了生命，对后代的危害难以估计。再比如，近几年P2P企业频频暴雷，这些企业的实控人往往能卷款数十亿元，给无数投资者造成了巨大的损失，其社会危害性不可谓不大。为何非法集资的规模会如此巨大，社会后果会如此严重？因为互联网技术、移动通信技术将每一个人连接在了一起。在以往，非法集资的企业还要去登门路演，受众毕竟有限；而今天，通过互联网，涉刑企业可以将信息传递给每一个互联网用户。可见，刑事合规的事后性使得其并不能帮助企业防范第一次涉刑风险。

不仅如此，如果没有强有效的事后监管，企业刑事合规的不起诉后果反而有可能激发企业的赌徒心理，鼓励企业再次涉刑。这体现了刑事合规推进过程中事后性与预防性的矛盾，那么，如何确保涉刑企业在经历刑事合规改造后真正走上合规经营之路?我们认为有两个途径：一是刑法激励；二是行政监管。

所谓刑法激励，是借鉴风险刑法的一些理念，建立单位犯罪刑事责任追究的预防性制度，即为了防范广泛的社会危险，在立法层面设置相应的抽象危险犯（不以具体危害结果为犯罪成立要件，通常以考察有无法定的足以侵害法益的行为事实来间接判断），以此来明确企业刑事风险防范的刑事责任。相关基础性、配套性法律制度的创新性发展及规模性调适也是刑事合规的应有之意。国际上有一些国家已经确立了法人没有制定实施犯罪的预防性合规制度的刑事责任。当然，目前的刑法体系还是以实害犯为主，抽象危险犯实属少数。推动立法，必然是一个漫长的过程。

加强事后的行政监管在目前来看，似乎更加切合实际。当代国际社会对于激励企业履行合规计划的普遍做法，还是以行政措施为主，以刑法措施为辅。加强事后的行政监管就需要建立类似于自然人刑事前科的涉刑企业数据库，并且需要多个行政部门衔接，多层次的对涉刑企业进行事后的跟踪监管。至于事前的合规预防，不妨采取行政监管抽查与市场体检服务相结合的方式，这当然也涉及了行政主体与市场主体之间的衔接问题。

第二节　企业合规挑战的解决思路

如前所述，本章列举了企业刑事合规可能面临的三大挑战：合规的区域化与一体化、标准化与个性化、事后性与预防性挑战。当然，社会实践纷繁复杂，随着刑事合规的推进，未来可能会面临很多的挑战。但解决问题的办法总会比问题多，尤其是在科技高度发达的今天，科学技术虽然放大了人类自身行为的风险，但也为人类解决问题提供了很多思路。就企业合规所面临的挑战，我们设计了如下解决思路：

一、合规的数据化

刑事合规面临着上千的行业，数不胜数的企业以及合规专家，这些行业、企业、专家背后是各不相同的行业法规、企业制度和专业知识，这就涉及到了海量的数据。如何收集、处理这些数据以形成最优的方案，兼具标准化和个性化，大数据无疑是解决问题的一个强有力的手段。

随着云时代的到来，大数据吸引了越来越多的关注。在国家层面，2015年9月国务院印发《促进大数据发展行动纲要》，系统部署了大数据的发展工作；2016年3月17日《中华人民共和国国民经济和社会发展第十三个五年规划纲要》发布，其中第二十七章"实施国家大数据战略"提出：把大数据作为基础性战略资源，全面实施促进大数据发展行动，加快推动数据资源共享开放和开发应用，助力产业转型升级和社会治理创新。具体包括：加快政府数据开放共享、促进大数据产业健康发展。可见，大数据已经成为一种基础性的战略资源，被国家用于社会的治理创新，当然也可以运用于企业刑事合规。

大数据包括结构化、半结构化和非结构化数据，非结构化数据越来越成为数据的主要部分。据IDC的调查报告显示：企业中80%的数据都是非结构化数据，这些数据每年都按指数增长60%。通过大数据、云计算将这些大量的非结构化数据和半结构化数据，进行专业化数据采集、分类，进而形成行业数据库、企业数据库、专家数据库以及第三方监督评估组织数据库。并在此基础上，进一步分析处理数据，根据行业特点，将合规标准进行参数化、模块化，形成一个完备的合规标准数据库。

二、合规的智能化

仅有完备的数据库还不够，要解决区域化与一体化、标准化与个性化挑战，就要求对不同的数据模块进行个性化的智能匹配，比如合规专家与涉刑企业的匹配、合规标准与涉刑企业的匹配、监管部门与涉刑企业的匹配，等等。目前的人工智能技术水平是可以完美解决上述难题的。

通过人工智能自动化地收集、处理关于行业、企业、法规等各方面的数据，为各行业各类型企业设定兼具标准化和个性化的企业合规指标体系，构建第三方监督评估的自动化机制以及合规计划的履行结果评估指标。根据合规企业的特点，自动匹配第三方合规组织，自动生成符合其行业特点的个性化合规计划，并对合规企业履行合规计划进行即时、动态的监管、评估，最终自动生成合规报告。

另外，可以通过人工智能来构建企业刑事风险预防模型，加强事后的行政监管，真正在合规意义上实现企业刑事风险的提前识别、预防。为确保企业合法合规健康发展，在刑事合规的推进中，通过人工智能收集合规数据。利用上述采集的数据进行分析，画出不同行业的企业刑事合规的特征图谱，依据该图谱建立用于预防刑事风险的模块化行政监督指标体系以及精确量化的涉刑指标阈值。通过分析从企业收集的各项指标，用该模型预测企业违法违规的趋势，一旦突破阈值，便提前预警，行政机关提前对其进行监管，进而实现企业刑事风险的"事前预防"。

三、合规的平台化

大数据和人工智能仅是技术手段，而平台是技术手段得以施展的载体。大数据与深度学习、神经网络等人工智能技术，可采集合规对象的相关数据，对比分析法律法规和行业规范，生成各类型企业的合规指标。这些合规指标的生成及展示则需要通过可视化、可交互的企业刑事合规智能平台来实现。该智能平台以大数据为基础，连接着借此生成的各类数据库。基于海量的数据，凭人工智能的相关技术，该平台系统能够自主学习、自动迭代。

该智能平台还可以帮助参与刑事合规的各主体实现程序上的严密衔接。刑事合规的开展涉及企业、检察机关、第三方监督评估组织、行政机关，是一个多主体、多部门甚至跨区域的共同协作过程。这就涉及了彼此的程序衔接问题。该智能平台可以设置检察端、监督端、行政端、企业端4个端口，实现自动化或半自动化的智能刑事合规。检察院可以通过检察端，实现刑事合规的启动、合规监督评估第三方组织随机抽取、涉案企业的合规参数的设置、合规计划以及报告的审核等功能；第三方监督评估组织可以通过监督端对合规计划的履行进行监督和评估；行政机关可以通过行政端，生成合规企业数据库，建立涉刑档案，设置行政处罚的标准，并对刑事合规后的企业进行持续的跟踪监管；企业及其合规顾问可以通过企业端，实现合规计划的个性化定做，实时地上报企业履行合规计划的进程和成果，形成合规计划履行日志，并最终生成合规报告。

另外，该智能平台可以帮助企业建立刑事风险的预防机制。人工智能和大数据，在刑事合规的推进中搜集涉刑企业相关违法数据，分门别类进行加工处理，最终生成具有自适应能力刑事风险预防模型。在该模型中，设置阈值、预警率等指标，可为企业提供刑事风险预警，降低系统性风险，也为行政机关的监管提供量化的监管指南，做到事前甄别、防范企业违法违规行为。

综上，基于大数据、人工智能技术的企业刑事合规平台可以帮助刑事合规克服区域化与一体化、标准化与个性化、事后性与预防性三大挑战，避免企业刑事合规流于形式，在真正意义上为企业营造更好的营商环境，令诚实信赖成为市场的通行证。当然，技术从来是锦上添花的工具，应对这些挑战的根本在于企业刑事合规制度的逐步完善、健全，正如2022年1月17日全国检察长（扩大）会议对企业刑事合规提出的要求："要明确'规'，做到'真合身''真管用'。企业不同、涉案罪名不同，合规计划的要求也往往不同。最高检要针对大、中、小微各类企业，尽快拿出一批合规管理规则范本和企业合规整改典型案例，加强示范、规范、指引。要着力监督'整改'，督促第三方组织、人员做到'真监督''真评估'，确保涉案企业'真整改''真合规'。检察机关要严把第三方机制启动、第三方组织人员选任，以及合规计划制定、执行、结论审查关，坚决防止以'纸面合规'逃避刑事追责。从一开始就要让这项制度'合规'、稳健，走向成熟、走向法治。"

➢第十三章　国际视角　企业海外合规经营

　　在国际背景下，合规经营早已成为我国企业立足于海外市场需要优先考虑的事项。伴随着企业走出去的步伐，中国已经成为2020年全球第一大出口国，对外投资也跃居第一，在海外的中国企业数量已将近4万家。在2021年中联合国的《世界投资报告》明确提出，中国已成为世界最大的对外直接投资国，其投资总额最高已超出1330亿美元。

　　但同时，贸易保护主义等因素带来的复杂的国际经济、政治局势，也给全球市场制造了大量的不稳定因素。这些种种不稳定因素导致了中国企业在海外经营的过程中将会面临更多的挑战，其中之一是，如今复杂多变的国际形势和日益严峻的外部控制为中国企业在境外的经营带来了合规风险。根据中国国际贸易促进委员会对近千家企业的调查显示，超三成（36.2%）受访企业在东道国投资及生产经营过程中遇到过合规问题。因此，中国企业能否成功走出去并"走下去"的核心是企业海外合规的经营。

中国企业海外合规经营现状，是当下迫切需要讨论的问题。在海外经营的企业无力撼动大国之间的政治角力，企业能做的，是摸清有关国家究竟采用了何种方法来设置陷阱、排兵布阵，迫使相关企业陷入不利境地。同时，企业也需要审视自身，探寻是否在海外合规经营的问题上留有漏洞，导致更容易被抓住把柄。这便是从外部因素和内部因素两个维度来讨论企业海外合规经营问题的思路，也唯有如此，我们才可以确定中国企业在走出去的问题上要做好充分合规的准备。

第一节　企业海外合规经营的内在挑战

国内某电器公司在走出去的道路上遭遇挫折。因商品质量安全问题造成了巨大的法律风险和严重的法律责任，导致商业经济和形象声誉的多重损失，教训深刻。以该事件为例，此次事件中折射出的中国企业海外经营的合规问题颇具代表性。

一、企业对外国相关法律法规缺乏了解，对消费者投诉未引起足够重视

根据《美国消费品安全法》第15（b）节的说明来看，制造商、进口商、经销商或分销商发现其制造或销售的商品不符合消费品安全法规或强制性标准或存在缺陷，可能对消费者造成不合理的伤害风险，并且不符合《消费品安全法》规定的某些自愿标准，必须在收到状态报告的24天内将问题提交给美国消费品安全委员会（CPSC）。如果企业继续调查潜在的危险或产品缺陷，美国消费品安全委员会（CPSC）也敦促企业尽快通知当地的CPSC办公室。此外，如果企业因产品质量问题涉及刑法，企业也有义务在庭审结束前向CPSC提交书面证明。

根据诉讼情况可知，该公司因拖延了报告危险和有缺陷的除湿机的问题，导致数百万件产品被召回，损失数百万美元。

二、企业对产品责任违规风险后果认识不足

只要产品存在缺陷给消费者或使用者造成人身或财产损害，销售者就必须对受害人承担责任。既然一个企业是社会产品的创造者，是缺陷产品的制造者，那么它所获得的任何利润往往都涉及对大多数人利益的损害；此外，如果采取过失责任，这是由于信息和信息组成的不对称。结果是拿不出证据，企业免罪，受害者权益受损，无助于公众的保护，也无助于法治的公平公正。因此，制造商和销售者都要对产品负责，并注意其安全性，否则它可能会被发现有缺陷，并对人身或财产损害负责。如果存在恶意，还将面临刑事责任。

不幸的是，早年该公司重运营轻管理，风险管理不到位，合规意识差，内控机制存在很大风险。

第二节　中国企业海外经营的合规对策

中国企业主动制定和完善合规计划是企业走出去的必要路径。不仅需要建立合规机制，而且需要确保其有效运作。与其坐等被监管机构"以合规换取自由"，不如主动尽快组建合规团队，改善合规机制。当然，对于企业来说，仅改善其合规信息和加强其合规结构是不够的。企业海外经营要应对的，不仅是纯粹的合规性法律风险，更多时候企业还要应对外国的政治上、经济上的制裁"暗箭"。因此，在中国企业海外经营的合规对策这一问题上，应当从宏观和微观两个层面予以考量。

一、企业海外合规经营的宏观设计

（一）对域外不当管辖的立法回应——《反外国制裁法》

这是中国企业全球化不可避免的问题。一些国家制定了禁止在美国境外进行罚款和监禁调查的法律，因此美国在发布调查令时通常必须考虑这些国家的相关法律法规。

在2021年6月颁布的《反外国制裁法》，一定程度上填补了我国在阻断法方面的空白。我国此前也存在一些包含反制、阻断作用的规定，但是这些规定或者层级较低，或者覆盖面过窄。比如，商务部发布的《不可靠实体清单规定》和《阻断外国法律与措施不当域外适用办法》，都是部门规定，还没有上升到法律的层面。2020年《证券法》规定："在中华人民共和国境外的发行和交易证券，扰乱中华人民共和国境内市场秩序，损害境内投资者合法利益有损害的，依照本法有关规定处理并追究法律责任。"该条文虽然也体现出我国通过立法对不当域外执法作出了回应，但其覆盖面太窄，尚不足以体现出我国反外国制裁的力度。

《反外国制裁法》的制定和实施，其主要意图是反制、反击外国对中国实施的所谓"单边制裁"，维护我国的主权、安全和发展利益，保护中国公民和组织的合法权利和利益。这是一部具有针对性和指向性的专门律法，其内容简单明了，将其命名为"反外国制裁法"，名实相符。《反外国制裁法》的颁布从宏观层面为我国企业提供了走出去的底气，这是企业海外经营的重要制度保障。

（二）了解域外法规，完善涉外管辖、法律域外适用方面的基本理论

可能受到域外管辖的中国企业，要注重关注域外相关的法律法规，加强域外法律的风险防范意识，熟悉相关法律法规的实际内容，从而引入业务防范和治理机制。如若做好准备，可以事先规避域外法律规定的违法行为，即使难以及时地规避风险，在面对域外执法时也不会吃亏。

（三）寻求中国法项下的保护和支持

虽然长期存在域外司法管辖权可能会干扰中国的商业管辖权，但外国司法机构不会出现在中国执行法律的情况。在某些情况下，外国只能利用国际法律援助来通知中国司法当局，当中国企业面临域外管辖权时，中国企业可以请求中国司法主管机关，根据中国法律域外管辖权，对相关事项的合法性进行审查，说明其立场和要求，并根据中国法律寻求保护其合法利益的路径。

二、企业海外合规经营的微观操作

（一）增强管理层的合规意识

管理层应加强其企业的合规工作意识，营造企业的合规文化意

识，以避免参与其他非法活动，如垄断、腐败和经济制裁等；由于涉及经济制裁和出口管制、反腐败和商业腐败或高级管理人员的刑事责任等领域，高级管理人员必须定期签署和签发合规承诺书，以反映企业的合规文化和对管理人员的合规要求，并尽量避免相关刑事责任。

（二）组建完备的合规团队

建立具有国际业务知识的合规团队，配备专业合规官和外部合规顾问，全面负责管理合规风险。合规团队应被赋予相对独立和有影响力的权力，首席合规官应定期直接向首席执行官或董事会报告关键合规事件。管理层需要结合合规团队的意见，准确识别和管理关键合规领域的风险，作出符合企业长期发展的经营决策。

（三）构建系统的合规制度

重点识别和调查企业的高风险合规领域，创建和部署企业级和核心业务单元合规体系和合规规则，以及合规红线，制定风险事件的合规级别标准及其相应的审批级别。经过企业内部的监督和审计等相关制度来进行定期审计。

（四）跟进合规立法、执法动态

企业应继续关注各国在贸易合规范畴内的立法和执法发展，并根据其承担合规风险的意愿解决合规限制。当面对中国和外国之间的法律冲突，有必要进行全面的评估法律并谨慎处理。中国企业首先要遵守《反外国制裁法》，严格遵守不采取和协助"歧视性限制性措施"的法律义务，并积极配合和执行相关的反制措施。在遵守这些要求时，企业应在最大程度上避免侵犯中国组织和个人的合法权益。

（五）在业务层面避免外国"连接点"

如果一家企业在高风险地区或行业开展业务，就必须做出明智的决策，并根据业务及事件情况进行逐项审查，决定是否要对决策的标准升级。在日常运营中，企业应着重考虑业务交流（尤其是书面材料，如邮件、传真等）或者外贸交易等产生的与外国之间建立的联系点。

（六）排查高风险交易及合作伙伴

企业应将关键领域的高风险交易和贸易伙伴列入黑名单，并将企业合规纳入协议中，从而推进第三方的合规，以防止合作伙伴的不当行为影响到企业的利益。

（七）制定应急预案

企业必须提前为整个过程准备一个应急计划，以应对监管机构的突然调查、起诉、处罚和其他事件。如果企业被监管机构列入黑名单，合规部应及时监控和确认相关信息，并尽快向管理层报告。管理层应启动适当的应急措施，建立应急管理小组，并调查和实施相关的应急措施、对外沟通的集中管理、信息披露和其他工作。此外，企业应该聘请外部律师参与整个应急管理过程。应急管理团队应与外部顾问合作，对违反法律法规的行为进行初步的内部调查，分析事件的原因以及可能影响的程度，明确企业的整体运营策略并实施业务隔离和其他应急措施，决定是否进行游说和公关活动。

（八）妥善应对与优化沟通

监管机构对执法活动的适当反应以及与各部委的沟通是企业面对

国外合规活动风险的重要措施。当大型国际企业（尤其是上市企业）面临重大风险事件（如被列入外国限制名单、高管被捕等），他们应及时作出陈述，概述事实并作出说明，且上述声明必须客观和严格。如果处理不当，可能会带来声誉、财务和法律风险。

综上，我们希望通过宏观设计和微观操作两个层面为企业建立起应对海外不当制裁的防护墙，如果一个企业能够理性地用监管和内部控制机制制定一套高标准的严格合规要求，企业必定能走得更加长远。